山西省哲学社会科学规划课题"山西省债务风险防控与处置机制研究"(项目编号:2019B353)
山西省软科学研究计划项目"山西省促进高新技术产业园区发展研究"(项目编号:2017041002-4)

中国新三板市场分层研究:
分层标准、风险防范与错位发展

冯燕妮 著

中国纺织出版社有限公司

内 容 提 要

本书针对新三板市场分层问题进行深度研究，在分析了资本市场分层的动机、国内外经验的基础上，系统总结了新三板市场分层标准体系（如何分层）、新三板分层后如何防范金融风险（分层后的影响），以及市场定位动态关系研究范式（未来如何发展），为缓解甚至解决目前新三板市场存在的流动性不足、定位不清、金融风险等问题，改善企业融资结构，以及为今后我国资本市场分层的其他实践提供借鉴经验。

图书在版编目（CIP）数据

中国新三板市场分层研究：分层标准、风险防范与错位发展 / 冯燕妮著. --北京：中国纺织出版社有限公司，2022.8

ISBN 978-7-5180-9716-6

Ⅰ. ①中… Ⅱ. ①冯… Ⅲ. ①上市公司—经济发展—研究—中国 Ⅳ. ① F279.246

中国版本图书馆CIP数据核字（2022）第134423号

责任编辑：段子君　　责任校对：高　涵　　责任印制：储志伟

中国纺织出版社有限公司出版发行
地址：北京市朝阳区百子湾东里 A407 号楼　邮政编码：100124
销售电话：010—67004422　传真：010—87155801
http://www.c-textilep.com
中国纺织出版社天猫旗舰店
官方微博 http://weibo.com/2119887771
天津宝通印刷有限公司印刷　各地新华书店经销
2022 年 8 月第 1 版第 1 次印刷
开本：710×1000　1/16　印张：14
字数：180 千字　定价：98.00 元

凡购本书，如有缺页、倒页、脱页，由本社图书营销中心调换

前　言

多层次资本市场体系，是在第二次世界大战后的新经济发展形势下，为满足不同类型投资者的投资偏好，适应不同类型和不同发展阶段企业的融资需求，由各类市场参与者共同选择和市场自发演进的结果。每个层次的市场都与特定规模、特定发展阶段的企业融资需求相适应，各有发展的侧重点和目标。新三板市场作为我国资本市场中重要的组成部分，是我国资本市场内部分层的首创性实践，被誉为中国的"纳斯达克（NASDAQ）"，一直致力于为创新型、创业型、成长型中小微企业解决融资难题。但是，我国新三板市场中普遍存在融资渠道狭窄、内部管理不健全、市场机制不规范、信息披露不充分等问题，在新三板挂牌的中小企业也存在准入门槛低、融资盲目性、融资目的不纯等问题。为了解决这些问题，新三板自2016年以来实施了四次市场分层，出台了三套分层管理办法，但现阶段仍存在着创新层公司大进大出，公司之间业绩、流动性差异大，对全市场缺乏引领和吸引等问题。党的十九届四中全会指出，为应对中国人口红利逐渐消失、经济增长速度减缓等问题，我国必须着力推进资本市场的结构改革，党的十九届五中全会也强调了提高直接融资比重的重要性。因此，新三板市场分层问题将会是下一步深化金融改革值得关注的问题之一。

中国新三板市场分层研究：分层标准、风险防范与错位发展

本书针对新三板市场分层问题进行深度研究，为缓解甚至解决目前新三板市场存在的流动性不足、定位不清、金融风险等问题，改善企业融资结构，以及为今后我国资本市场分层的其他实践提供借鉴经验，使资本市场更高质量地服务于各层实体经济，助力科技创新和产业结构转型升级，强化国家战略科技力量。本书在分析了资本市场分层的动机、国内外经验的基础上，对我国新三板市场分层进行了系统性研究，系统总结了新三板市场分层标准体系（如何分层）、新三板分层后如何防范金融风险（分层后的影响），以及与其他板块的市场定位动态关系（未来如何发展）。本书主要工作和创新体现在以下四个方面：

第一，将资本市场分层理论与新三板市场发展实践相结合，通过修正的 CAPM 理论模型分析了资本市场多层次发展的必要性；对比研究了新三板与美国 NASDAQ 市场、我国台湾地区柜买中心的分层标准，进一步完善了中国多层次资本市场理论。从之前的几次新三板分层的结果来看，创新层与基础层之间的差异过小，新三板市场不能满足挂牌企业的融资功能和需求。为了进一步制定有效的分层标准，本书将美国 NASDAQ 市场和我国台湾地区柜买中心的成功分层经验吸收到新三板市场，构建了新的分层标准。这也在理论上丰富了资本市场分层制度下中小企业融资问题的研究。

第二，构建了新三板市场分层标准评价体系，为新三板市场科学分层提供可借鉴的标准。目前关于我国资本市场分层的研究大多总结了分层的注意事项和分层后的政策建议，没有真正提出合理的资本市场内部分层的标准，也没有利用实证方法检验相关分层标准的制定，分层缺乏科学依据。本书将量化评级法运用在新三板市场分层标准设计上，使分层标准更加科学，为新三板市场分层提供参考。

第三，运用方差分解法与复杂网络模型，研究了新三板市场分层后不同层次资本市场所面临的金融风险及各层次间的风险传染作用，并提出了应采取的风险防范机制，以实现风险的分层管理，进而满足不同投资者的风险偏好。现有资本市场风险的研究大多关注主板等起步较早的板块，或是关注资本市场整体的风险，本书创新性地从多层次资本市场角度研究新三板分层后面临的风险，对投资者决策具有重要的参考价值。

第四，使用金融生态系统思想和 Lokta-Volterra 模型，分析了新三板市场分层对整个资本市场体系的效应，指出创新层和基础层的确完善了市场功能，增进整个市场体系的适应性和活力。新三板市场可以通过与 A 股市场交易方式的接轨，增强市场的流动性，对监管者、融资方和投资者正确参与市场交易和监管有重要参考意义。

本书的成稿是山西省哲学社会科学规划课题"山西省债务风险防控与处置机制研究"（项目编号：2019B353）和山西省软科学研究计划项目"山西省促进高新技术产业园区发展研究"（项目编号：2017041002-4）的研究成果。

著者

2022 年 5 月

目 录

第1章 绪论 1

  1.1 研究背景和意义 2

    1.1.1 研究背景 2

    1.1.2 研究意义 8

  1.2 国内外文献综述 10

    1.2.1 资本市场分层依据研究 10

    1.2.2 资本市场分层标准研究 14

    1.2.3 资本市场分层影响因素研究 21

    1.2.4 资本市场分层与金融风险研究 22

    1.2.5 资本市场板块互动研究 27

    1.2.6 文献评述 34

  1.3 研究内容与方法 38

    1.3.1 研究内容 38

    1.3.2 研究方法 40

  1.4 主要工作和创新 42

  1.5 本书的基本结构 43

第2章 资本市场分层理论与动机分析 …… 47
2.1 多层次资本市场的内涵 …… 48
2.2 资本市场分层动机分析 …… 50
2.2.1 分层必要性 …… 50
2.2.2 分层动因 …… 59
2.3 小结 …… 71

第3章 新三板市场分层现状的比较分析 …… 73
3.1 中国资本市场的分层现状 …… 74
3.2 新三板市场发展现状分析 …… 76
3.3 美国NASDQ市场发展现状分析 …… 81
3.4 我国台湾地区柜台买卖中心发展现状分析 …… 84
3.5 新三板与NASDQ市场、我国台湾地区柜买中心分层的比较分析 …… 87
3.5.1 流动性要求的比较分析 …… 88
3.5.2 经营业绩要求的比较分析 …… 90
3.5.3 投资者结构的比较分析 …… 93
3.6 小结 …… 101

第4章 新三板市场分层标准评价体系设计研究 …… 103
4.1 基于量化评级的指标体系模型构建 …… 104
4.1.1 流动性指标 …… 107
4.1.2 未来成长指标 …… 108

  4.1.3 财务健康指标 110
 4.2 新三板市场分层标准评价实证研究 122
 4.3 小结 126

第5章 新三板市场分层与金融风险防范研究 129
 5.1 问题的提出 130
 5.2 新三板市场风险指标体系 131
  5.2.1 企业自身风险 132
  5.2.2 资本市场风险 133
 5.3 新三板创新层与基础层面临风险对比分析 135
  5.3.1 财务风险 135
  5.3.2 经营风险 139
  5.3.3 流动性风险 142
 5.4 新三板市场分层的金融风险传染分析 145
 5.5 新三板市场分层金融风险防范政策建议 151
  5.5.1 防范和化解新三板市场金融风险的现行措施分析 151
  5.5.2 基于分层资本市场金融风险防范的政策建议 153
 5.6 小结 161

第6章 分层后的新三板市场与其他板块的动态关系研究 163
 6.1 研究方法与模型设计 164
  6.1.1 资本市场的金融生态学分析 164
  6.1.2 资本市场动态变化 Lokta-Volterra 模型构建 168

6.2　L-V模型数据选取与描述性统计 …………………………… 173
　　6.3　新三板分层的动态变化关系实证研究 ……………………… 174
　　　　6.3.1　全时段分析 ……………………………………………… 174
　　　　6.3.2　分时段分析 ……………………………………………… 177
　　6.4　小结 …………………………………………………………… 179

第7章　中国新三板市场分层发展建议 …………………………… 181
　　7.1　中国新三板市场的错位发展建议 …………………………… 182
　　7.2　中国新三板市场发展生态与战略定位 ……………………… 185
　　7.3　中国新三板市场的金融风险防范对策 ……………………… 189
　　7.4　小结 …………………………………………………………… 192

第8章　结论与展望 ………………………………………………… 193
　　8.1　结论 …………………………………………………………… 194
　　8.2　展望 …………………………………………………………… 196

参考文献 …………………………………………………………… 198

第1章　绪论

1.1 研究背景和意义

1.1.1 研究背景

全世界资本市场几乎都存在多层次发展的特征，特别是发达国家，诸如美国、日本等。许多发达国家的资本市场在长期的发展下拥有很多交易所市场及场外市场。我国资本市场发展时间较短，对发展多层次资本市场的认识经历了一个曲折的过程。1990年12月19日，上海证券交易所正式营业，标志着我国资本市场的创立。在主板市场的起步阶段，以中小国企或集体所有制企业改制组建的上市公司成为最早享受资本市场福利的主体。随着1998年我国国有企业改革进程的加快，几乎所有大型或者特大型国有企业都选择改制上市，建立现代企业管理体制。2003年，中央提出要基于我国当前金融市场环境现状，建立多层次的资本市场体系；2004年2月，为促进我国资本市场稳定发展和改革创新，国务院正式颁布"国九条"，进一步建立并完善多层次股票市场体系，从战略层面为我国资本市场发展指明道路，包括应当继续规范主板市场的发展流程，对创新板市场加大推进力度，不断探索并逐步完善股转系统的方式（刘克崮等，2013）[1]。同年6月，我国资本市场发展进入全新阶段，"中小板"正式在深交所推出，为我国民营企业发展提供专用融资通道。2009年10月，深交所继续推出"创新创业"型高科技企业融资通道,即"创业板",进一步激发全社会"大众创业、万众创新"的热情。在我国民营企业飞速发展的时代,中小板和创业板成为顺应时代发展、符合时代需求的资本市场产物,是我国资本市场科学细分、精准定位的体现。2013年12月31日,面向中小微企业融资的"新三板"(全国中小企业股份转让系统)正式受理企业挂牌申请,为相关企业提供服务。此外,与"新三板"互联互通的"四板"(地方股权托管交易中心)也纷纷落地。2019年6月,科创板的正式开板意味着我国资本市场又一次得到发展,这也是落实创新驱动发展战略的重要表现,进一步增强了我国资本市场服务核心关键技术的能力。2020年6月15日,基于科创板的经验,创业板注册制试点在深交所正式启动,创业板的设立强化了及时有效的信息披露制度,在这一市场中,投资者可以更加全面地了解企业,并根据自身风险承受能力选择风险适度的投资产品,有助于提升资本市场的资源配置效率,同时推进了资本市场的多层次、多板块联动发展。2020年7月27日,新三板市场精选层的设立和开市交易,标志着新三板市场从实质上达到了场内资本市场的资格❶。2021年2月5日,深圳证券交易所主板与中小板合并。2021年2月26日,上海证券交易所发布实施《全国中小企业股份转让系统挂牌公司向上

---

❶ 场内市场和场外市场的重要区别标准在于是否有连续竞价交易。虽然国家对全国中小企业股份转让系统的长期定位是场内市场,但在精选层未推出之前,学界普遍认为新三板在实质上还是属于场外市场。另外,由于最近新三板市场的发展变化较快,精选层政策实行还不到半年,国家又开始发布新三板的转板政策,相关政策实行的时间过于短暂或还未正式实行,无法从数据层面与政策层面上进行详细评估,所以本书的研究暂不考虑精选层和转板政策的实行,仍以精选层未发行之前作为本书的研究重点。

海证券交易所科创板转板上市办法（试行）》，彻底打通了新三板的转板之路。到目前为止，我国多层次的资本市场已现雏形，为我国不同规模的公司提供了各种各样的股权上市和股权转让机制，为中小微企业展示企业形象、进行股权转让或股权并购提供平台，使我国资本市场更为规范、开放与包容。

我国多层次资本市场❶又分为场内资本市场和场外资本市场（图1-1）。2015年证监会发布的《场外证券业务备案管理办法》对场外证券业务进行了深入解读，《办法》指出"场外证券业务是指在沪、深证券及期货交易所、股转系统之外开展的证券业务，包括场外证券销售与推荐，场外自营与做市业务，私募股权众筹，场外金融衍生品，场外证券产品信用评级等"。场内市场包括主板、科创板、创业板和新三板市场。主板上市对公司的经营期限、股本、盈利、市值等方面要求较高，上市公司一般为大型

图1-1 我国多层次资本市场现状

（金字塔结构，由上至下）：主板/中小板；科创板；创业板；全国中小企业股份转让系统（新三板）；区域性场外市场（四板）

---

❶ 我国资本市场分为广义资本市场和狭义资本市场，我们的研究主体主要是狭义资本市场中的股票市场。

蓝筹企业和行业龙头、骨干型企业。主板市场又被人们形象地称为"国民经济晴雨表",能在很大程度上反映国民经济的发展水平。科创板是服务于有一定规模,符合国家发展战略的高科技企业,是一个独立于主板之外的板块。创业板是主板的补充,一些暂时无法在主板上市的高科技自主创新型企业,可以在创业板上市。创业板上市的公司基本都是高科技企业,这类企业虽然成立时间短、规模小、业绩不突出,但具有很大的成长潜力,所以创业板被业界人士称为"孵化科技型、成长型企业的摇篮"。

我国新三板市场被誉为中国的"纳斯达克",一直致力于为创新型、创业型、成长型中小微企业解决融资难问题。新三板市场为我国的主板、中小板和创业板起到了有效的补充作用,是我国多层次资本市场的重要组成部分,是连接经济、科技和金融的重要枢纽。既可以解决主板企业的退市问题,又可以成为二板市场的孵化器,从而协助二板市场,为初创期的高新技术企业提供融资服务(戴文华,2013)[2],极大地推动科技型和创新型民营企业的发展。国务院文件也曾明确指出全国中小企业股份转让系统(新三板市场)是我国多层次资本市场的重要组成部分。截至2020年底,在新三板挂牌的企业高达8187家,挂牌公司规模在我国股票交易市场中名列榜首。然而,新三板市场长期被业内称为"古董市场",原因在于上市企业良莠不齐,尚未完全成熟化、市场化,仍存在着诸多有待解决的问题。首先,我国新三板市场普遍存在融资渠道相对狭窄、内部管理不健全、市场机制不规范、信息披露不充分等问题,中小企业股份转让系统尚不健全,存在准入门槛低、融资盲目性、融资目的不纯等问题,证监会在监管过程中也存在不完备之处,个人投资者进入新三板市场投资的门槛较高。其次,从投资风险上看,一方面,系统性风险较高,我国的新三板市场流动性不足（吴勇、权威，2017）[3]，是一个典型低流动性市场。众所周知，适度的流动性能够促进股票市场交易，切实提高整个市场的运行效率，从而降低融资成本（王东旋等，2014）[4]。反之，在低流动性的股票市场环境下，市场运行的效率会降低，融资成本也会增加。同时，做市商制度安排不及时，一旦市场中有股东抛售大量股票，在缺乏接盘者、投资者盲目跟风的条件下，易引起股价的大幅度波动。另一方面，非系统性风险也较高，于新三板市场上市的企业，往往是处于初创期和发展期的中小企业，其在经营模式、财务结构等方面尚不成熟，可能存在抵抗风险能力差、重大事项披露不健全等问题。最后，从融资规模与融资效率看，2015~2017年，新三板市场从初创到现在，挂牌公司已高达11630家，2017年融资总额达到1336亿元，而在2018~2019年，由于短期资金流动性差、债务成本高、市场活跃度低、准入成本高等原因，新三板挂牌公司数量与融资金额均大幅下滑，挂牌企业运用财务杠杆进行融资的难度加大，融资环境并不乐观。沈忱（2017）[5]对新三板市场融资效率的研究表明，中小企业的规模效率较低是影响新三板市场融资效率低下的主要原因。在新三板市场挂牌的中小企业普遍存在业绩门槛低、公司财务信息缺乏持续性与稳定性等问题，这进一步导致投资者无法利用市场中的信息制定有效的投资策略（冯燕妮、沈沛龙，2020）[6]。为了解决这些问题，新三板自2016年以来实施了四次市场分层，出台了三套分层管理办法，但现阶段仍存在创新层中公司大进大出、创新层公司间业绩、流动性差异大、对全市场缺乏引领和吸引等问题。

前述分析表明，新三板承担着与主板、创业板等市场不同的发展使命，其所存在的问题也具有其独特性。新三板的分层标准是否合理关系着整个多层次资本市场体系是否健全,是否能实现建立新三板市场的初衷,即服务于中小企业,实现产业结构转型升级,实现国家科技创新的战略。在不同资本市场承担不同职能的背景下,实现多层次资本市场错位发展是实现我国资本市场健康发展的内在要求,同时也是针对性地解决我国新三板市场发展瓶颈的必由之路。因此,新三板市场缺乏合理有效的分层是当前我国资本市场发展面临的瓶颈,目前已经到了需要解决的时候了。在党的十九大报告中,习近平总书记强调,我国要加强金融行业服务实体经济的能力,着力推进多层次资本市场的平稳、健康发展,不断提升直接融资占比,解决市场主体融资难题。党的十九届四中全会明确指出,为应对中国人口红利逐渐消失、经济增长速度减缓等问题,我国正面临着资本市场上的经济结构改革、经济布局优化等挑战。而新三板分层必然带来新的金融风险防范问题,因此,有必要探讨新的风险防范机制。

由于新三板市场发展对资本市场上其他板块的融资规模、融资效率发挥着积极的正效应,研究分层后的新三板与其他板块的互动关系,厘清不同板块的定位,有助于增强资本市场的活力、竞争力和抵御风险的能力,因而促进资本市场上各个板块的互动,自上而下依次推进主板、科创板、创业板、新三板的联动互通,并本着"问题导向"原则,重点解决新三板市场流动性不足,定位不清等问题,是加快资本市场分层建设的重要一步,也是充分发挥中国特色社会主义制度优势,提升国家治理效能的重要一步。因此,新三板市场分层问题是下一步深化金融市场改革值得关注的主要任务之一。

1.1.2　研究意义

本研究是现代经济金融理论与中国特色实践的结合，在国际视角下，对国内外股票市场分层逻辑加以梳理、归纳、分析、总结，准确把握相关领域的研究脉络，并作出系统、严谨而可靠的理论解释，进而提出相应的符合中国资本市场环境的政策建议，具有重要的理论和现实意义。具体而言，本研究的理论意义和现实意义主要包括：

第一，丰富了新兴市场国家多层次资本市场微观结构理论研究。首先，从理论角度来探讨新三板市场分层，具有典型的经济学基础。新兴古典经济学指出，社会分工水平的不断提升、组织结构的不断演化都是市场主体追逐效率的结果，这也将推动市场结构的不断分层。经济分层是一种普遍存在的客观现象，同时，资本市场分层也是经济分层的一种表现，是经济分层的一个领域。其次，丰富了资本市场分层制度下中小企业融资问题的理论研究，随着新三板分层管理的进一步发展与完善，以及多层次融资指标评价体系的科学构建、测量结果的精确分析，挂牌企业的融资规模会明显扩大，融资效率将得到重要提升。此外，本书的学术价值在于立足于新三板建设，探究中国资本市场分层的逻辑意义，为优化我国资本市场整体结构提供理论框架。

第二，研究新三板市场分层对促进我国经济发展具有重要的现实意义。党的十八大报告指出要进一步深化金融体制改革，并加快我国多层次资本市场的发展步伐。随着我国金融一体化与经济全球化的进程不断加快，建立多层次资本市场成为客观需要。许多经验表明，强大有效的资本市场是一个国家崛起的重要依托。着力发展我国资本市场，是一个重大的战略选择。无论是培育国民经济的脊梁，还是孵化创新企业的萌芽，提升国际竞争力，资本市场多层次发展是我们的必然选择。建立健全新三板市场对社会发展具有重要意义：首先，新三板的发展完善将不断提升社会直接融资比例，化解金融风险，为经济社会发展提供稳定金融支持；其次，有助于解决日益严峻的就业问题，普遍提升社会收入水平，缩小贫富差距；最后，为社会生产要素的充分流动与有效配置提供保证，激发社会经济各主体的活力，推动创新成果不断涌现，创业活动蓬勃开展。

第三，本研究对提高我国资本市场运行效率具有现实意义。党的十九大指出，金融作为现代经济的核心，是否能真正做到服务于实体经济，对我国经济平衡发展有重要的影响。着力推进金融体系改革、增强金融服务实体经济的能力成为解决"不平衡、不充分"矛盾的有效途径，也将进一步推动我国多层次资本市场的平稳健康发展。新三板市场内部分层是提高资源配置效率的需要，目前我国新三板市场流动性差，融资能力弱，从而出现资源错配现象，导致许多拥有较好发展前景的行业、企业无法得到资金支持。因此，研究建立运行高效的多层次资本市场，进一步提高资金供给方与需求方的融资需求匹配效率，为各种类型企业提供具有针对性的融资需求，合理配置金融资源，具有重要的现实意义。

第四，以新三板市场分层作为研究对象，是因为新三板市场具备我国其他市场不具备的特殊情况，即低流动性问题。当前中小企业在我国经济社会发展中发挥着重要作用，是推动经济平稳、健康、持续发展的重要动力。新三板市场作为优秀中小企业的重要融资窗口，是保障其发展的关键要素。因此,研究并解决好新三板市场的合理分层问题将有利于高新技术企业获得资金支持和形成有效的风险分担机制,有利于打造多元化的投融资体系,激发社会创新创业的巨大潜力,保障市场运行活力,为我国建立和完善国家自主创新体系奠定坚实基础。

1.2 国内外文献综述

本书从多层次资本市场分层依据、分层标准、分层影响因素、资本市场分层与金融风险,以及资本市场板块互动五个方面对国内外有关资本市场分层的相关研究进行梳理和综述。

1.2.1 资本市场分层依据研究

由市场自发演化形成的美国资本市场,拥有较为完善的证券市场分层制度,对大多数国家的资本市场分层实践具有重要的借鉴意义和参考价值。明确的定位造就了美国证券市场发展过程中不同层次之间的协调性,进而形成了场内市场与场外市场、集中与分散、全国性和区域性的有机统一(曾慧敏,2013)[7]。这种证券市场分层制度的形成是市场参与者选择均衡的自发结果。美国资本市场主要根据上市标准、交易方式和地理空间三方面进行分层,并最终形成了由四个层次组成的金字塔形多层次证券市场体系。市场的每一层次为不同规模企业提供融资需求,以满足其特定阶段的发展目标,也正是由于其是市场自然演化的结果,可以更好地满足各企业的差异化融资需求，进而实现资源的有效配置。

（1）上市标准

所谓上市标准，是指股票进入证券交易所进行交易之前，需要满足不同证券交易所制定的要求。每个证券交易所的上市标准不尽相同。已有文献研究发现，一般地，大企业适用于较高的上市标准，中小企业适用于较低的上市标准。曲冬梅（2011）[8]认为境外交易所基于市场对上市资源的不同程度竞争，对上市标准根据条件的严宽程度进行不同定位，主要分为低端、中端和高端三种模式，但所有成功的上市标准都是根据各国的国情制定的，无法简单地复刻到我国，并强调了后续市场监管与上市标准相适应在促进资本市场健康发展的重要性。于旭和魏双莹（2015）[9]认为，较之于美国纳斯达克三级市场11套上市标准，我国创业板仅有两套上市标准，形式过于单一。牛雪和张玉明（2013）[10]基于双边理论构建模型，研究发现证券市场上市标准与其本身的声誉和知名度有关，声誉和知名度越高，上市标准越高，同时参与其挂牌交易的上市公司市值就越高。刘洋和陈政（2015）[11]特别提出为支持未盈利或亏损的创新型、成长型或移动互联网型企业（兰邦华，2015）[12]上市，建议降低利润指标的重要性，不应该将其作为唯一必要条件，而应该与其他指标如营业收入、市值和现金流等结合使用，设计几套并行的未盈利板准入标准。辜胜阻等（2015）[13]认为上市标准包括数量标准和非数量标准两方面的内容，其中数量标准是指公司的财务指标和持续经营能力等，非数量标准是指公司管理机制、信息披露等，并且连续上市的标准要低于首发上市标准。方先明和吴越洋（2015）[14]认为企业可以根据自身行业发展阶段选择不同地区不同板块的证券交易所进行上市，以及根据自身发展要求选择不同的上市标准。

（2）交易方式

所谓交易方式，是指以提高效率为目的并根据交易对象、交易主体的特点所作出的制度性反应。其中，交易对象特点包括交易对象的风险收益特征，而交易主体特点反映的是交易主体不同的风险收益偏好。资本市场最早的分层形式由场内交易的交易所和场外交易市场组成。一般而言，场外交易市场是分散进行的，而场内交易所交易则是集中进行的。不同的交易方式带来不同的价格形成方式（刘刚等，2018）[15]，原因是不同交易方式的选择本身就是选择不同风险收益特性的股票，以交易方式分类形成的不同市场可以纵向展现出不同风险收益特征的股票。

一些国外研究认为，不同的交易方式使股票的交易费用和流动性产生较大差异。不同交易方式对信息披露的要求程度也不相同。Dubofsky 和 Groth（1984）[16]研究了 240 支由美国场外交易市场转至 AMEX/NYSE 挂牌的股票，结果发现当股票从场外交易转至交易所交易时，其股票的流动性显著降低。Macey 等（2008）[17]在其研究中指出场外交易比交易所交易费用低，且场外交易对小公司更加有利。Davis 等（2016）[18]在研究场外交易股票时发现，与场外交易股票的流动性相关性最强的是信息披露水平，而且场外交易中股价较低的股票更容易吸引投资者的兴趣。由于上述原因，各企业在进行股票交易时出于对交易成本、流动性和不同信息披露程度的需求，会考虑不同的资本市场分层。

（3）地理空间

早期股票市场的分层在于地理空间带来的被动股票市场分割。在历史上，带有区域性标识的股票市场都是地理空间原因形成的分层，实际上并不是一种主动分层，而是受限于当时地理条件的一种被动分层。16 世纪初，阿姆斯特丹交易所刚建立时，马车速度和道路状况基本决定了这个市场在地理空间上的范围。地理因素也解释了19世纪美国上百家交易所的涌现。而当今社会，科学技术不断进步使得信息传递突破了地理空间的限制，因而当前的股票市场分层更多的是一种主动选择。不同地区的投资者仍然主要接受本地信息的原因在于，大多数投资者会更为关注自己熟悉的投资对象（Loughran，2008）[19]。高雷等（2006）[20]发现我国上市公司选择高级管理者时更偏好于当地或附近的人，而投资者也倾向于持有地理位置离他们较近的上市公司的股票。正因如此，在股票市场中本地公司的股票往往是投资者的首要选择。张玮（2016）[21]从地理因素、地方经济效益、地方政府经济竞争、中小投资者信息获取及政策等方面论述了区域性股权交易中心存在的合理性与必要性。蔡庆丰和江逸舟（2013）[22]发现上市公司越靠近中心城市，其投资者越多，这也导致位于人口和机构密集的中心城市的上市公司在满足投资者收入要求方面的压力更大，从而支付更多的现金红利；另外，地理因素也会因机构投资者密度（融资渠道）和再融资监管政策对公司现金红利政策起完全相反的作用。杨兴全和付玉梅（2016）[23]发现位于（或靠近）中心城市的公司的现金持有水平明显高于偏离中心城市的公司，并且其现金持有价值也更优异，偏远地区公司现金持有水平及其价值则呈现"双低并存"的现象；改善市场化进程会明显缓解地理位置对公司现金持有水平及其价值的负向影响。姚圣等（2016）[24]发现了上市公司的地理位置与其环境信息选择性披露之间呈现负相关关系，这里的地理位置指的是与政府监管部门之间的距离，与政府监管部门距离越远，信息披露就越少。王菊仙（2016）[25]发现地理距离与证券分析师的预测行为息息相关，券商机构距离上市公司注册地越近，证券分析师的预测精度越高，同时提高市场化程度可以减轻地理距离对证券分析师预测的负向影响。黄张凯等（2016）[26]研究了上市公司所在地理位置的高铁因素对IPO定价的影响，发现高铁的存在使地理距离对IPO定价的影响得到补偿，有助于提高资本市场定价效率。陈伟和顾丽玲（2018）[27]研究地理位置与上市公司IPO抑价之间的关系，采用多元线性回归模型，发现上市公司所在地金融密度越大，IPO抑价越低。

1.2.2 资本市场分层标准研究

随着经济的不断发展，市场规模的不断扩大，各公司的规模存在较大差异，这为监管层的统一管理带来困难。同时，挂牌公司数量较多，但良莠不齐，更加为各公司融资增加了难度，这就要求融资功能在保证包容性的基础上，满足不同市场主体的诉求。于是，资本市场分层应运而生。

一般而言，资本市场的现有分层标准主要有如下三种：第一，以财务指标为主（韩国的科斯达克、美国的纳斯达克、日本的店头市场等）；第二，以信息披露为主（美国场外市场中的QB、Pink和日本绿单市场）；第三，结合财务指标和信息披露指标的资本市场分层（美国场外市场中的QX）。成熟的资本市场通常以财务指标作为分层标准，此时市场中各企业的信息披露水平较高，依据财务指标有助于选拔优秀企业，而那些业绩不好但有成长性的企业也能在较低的板块被容纳。而处于早期发展阶段的资本市场以信息披露水平作为分层标准，此时各企业可以根据信息披露程度和挂牌受益程度选择不同的板块。发展中的场外市场将上述两个指标结合作为分层标准，能够吸引优质企业进入，形成示范效应。由于各国资本市场发展程度不同,各国资本市场的分层标准也不尽相同。下面主要介绍美国、英国、日本和我国的资本市场分层标准。

(1)美国纳斯达克市场分层标准

纳斯达克市场由三个层次构成:全球精选市场、全球市场和资本市场。化定奇(2015)[28]总结了纳斯达克市场发展历程的三个阶段,第一阶段是单一层次阶段,纳斯达克于1975年制定了自己的上市标准以区分于场外交易市场,并成为一个独立的上市场所;第二阶段是两个层次阶段,纳斯达克市场于1982年建立了一套更高的上市标准,同时将活跃股和大型股划入纳斯达克全国市场,将其他不能满足标准的股票划入纳斯达克常规市场,从此纳斯达克市场被分为两层。1992年,纳斯达克常规市场更名为纳斯达克小型资本市场;第三阶段是三个层次阶段,2006年纳斯达克市场引入了更高而且更严格的上市标准,第三层市场纳斯达克全球精选市场应运而生。与此同时,小型资本市场改名为资本市场,全国市场更名为全球市场,三层的纳斯达克市场最终形成。截至2016年,纳斯达克全球精选市场拥有1433家上市公司,纳斯达克全球市场拥有783家上市公司,纳斯达克资本市场拥有671家上市公司。Weston(2000)[29]研究发现,在上市公司数量方面,纳斯达克市场结构呈现倒三角形态,这表明纳斯达克市场的上市公司质量相对较高。

柴瑞娟和朱士玉(2016)[30]则从财务、流动性和公司治理三方面考察纳斯达克上市公司挂牌标准。在财务和流动性方面,各个层次资本市场的挂牌标准有所差异且呈现出逐渐递减的趋势;在公司治理方面,纳斯达克资本市场要求各个层次都遵守相同的公司治理标准。通过区别性的上市标准组合,纳斯达克市场可以吸引到不同风险特征和不同类型的企业。万丽梅（2015）[31]认为当前的分层标准符合最初纳斯达克市场的发展初衷。一方面，现有的分层制度能够降低购买双方的交易成本和交易费用。另一方面，通过分层，可以提高信息的质量及有效性。同时，万丽梅（2015）[31]认为纳斯达克市场完善的退市制度、转板制度能够为市场分层管理提供保障。纳斯达克市场包括公司自己提交申请和纳斯达克市场审核两种转板方式，这种转板制度设计可以将有发展潜力的公司留在纳斯达克市场。而完善的市场退市制度则可以保护参与者的利益，起到优胜劣汰的作用。

目前，对纳斯达克市场的研究主要集中于分层完成后对市场交易中的规范性和风险性等问题的研究。Christie 和 Schultz（1994）[32]研究发现纳斯达克100只交易活跃的证券中有70只基本上不存在第八次报价，包括苹果公司（Apple Inc.）和莲花公司（Lotus Software）。缺乏第八次报价就不能用 Forst 等（2017）[33]的谈判假设、交易活动或其他被认为影响价差的变量来解释，这一结果意味着纳斯达克大量股票的内部利差至少为0.25美元，这一问题使人们开始思考纳斯达克市场中是否存在交易商暗中勾结的问题。Tse 和 Devos（2004）[34]研究发现，在其他市场上市的企业搬到纳斯达克后，其投资认可度和交易量均得以提升，这表明纳斯达克市场分层标准和制度可以满足不同特征企业的融资需求。Klock 和 Mccormick（1999）[35]利用一个综合数据库调查纳斯达克市场竞争对差价的影响。研究发现：①做市商的数量对利差产生显著的负向影响；②纳斯达克市场竞争与差价的关系是非线性的，边际做市商的影响减小；③纳斯达克利差随着时间的推移而下降；④纳斯达克的结构性变化与利差和做市商数量之间的关系有关。Klein 和 Mohanram（2005）[36]考察了20世纪90年代末期纳斯达克上市标准对新股上市构成的影响，新股上市标准有两种：一种是基于盈利能力,另一种是基于显性或隐性市场资本。研究发现绝大多数基于市场资本进入纳斯达克的公司在财务业绩、股票回报业绩及非自愿退市方面表现很差,而根据盈利能力标准上市的公司表现要好得多。此外,基于市场资本进入纳斯达克的公司回报率也表现出很大的波动性。这些结果说明了盈利能力标准的重要性,以及基于市场资本化的标准(显性或隐性)在市场中的缺点所在。Skjeltorp 等(2016)[37]研究互联网因素对资本市场交易的影响。结果发现,互联网快速交易显著提高了纳斯达克的流动性以及整体的市场质量。这一结果可以归因于竞争性交易场所之间流动性供应商之间的竞争加剧,或者可以归因于互联网快速交易会立即吸引反应性交易员的注意力,吸引更多"隐藏的流动性",并降低整个市场的风险承受成本。

(2)中国资本市场分层标准

随着我国资本市场的不断发展,多层次资本市场的建立迫在眉睫,引发了众多学者的关注和思考,参考国际资本市场的发展历程,为了同时包容不同发展阶段企业的要求,资本市场必须细分为不同的结构和层次,以达到供求平衡。一般而言,多层次的资本市场结构可分为两类:一类是在单一市场内部设置不同的板块,在此基础上建立不同的上市标准;另一类是在多个市场之间设置不同的层次,一般而言,这种上市标准应该具有明显的递进性。

在我国台湾地区,股票市场经过六十多年的发展,形成了"台湾证券交易所主板市场—柜买中心上柜市场—柜买中心兴柜市场"的多层次资本市场,张立(2013)[38]建立 Jefrey-Wurgler 资本配置效率模型研究场外交易市场的资本配置效率水平,实证分析结果表明,拥有灵活的运作机制和较低准入门槛的上柜市场和兴柜市场资产配置效率水平更高,其发展经验给大陆资本市场分层以借鉴和启发。张承惠（2013）[39]研究发现台湾主板市场、上柜市场、兴柜市场在上市标准方面存在阶梯性特征，其中主板市场上市条件严于上柜市场，而兴柜市场作为预备市场，其上市条件相对宽松。台湾多层次资本市场的成功经验表明场外交易市场对台湾资本市场效率起到至关重要的作用，在资本市场分层的基础上，各个分层市场可以满足不同企业的需求，进而增强市场活力。

而在大陆市场，场外交易市场始终没有得到足够重视，无法完全发挥其作用。尽管目前新三板市场已被正式规划到场内交易市场，其相关制度还不健全，市场发展受限。当前，新三板市场分为创新层和基础层两个层级，满足标准的公司可以分别进入相应层级市场挂牌。截至2020年6月1日，有8590家公司在新三板挂牌，其中7447家公司在基础层挂牌，1143家公司在创新层挂牌。从结构上看，大部分公司都在基础层挂牌，仅有少数公司满足创新层的标准，在创新层挂牌。根据《全国中小企业股份转让系统分层管理办法》（2019），当前新三板分层标准包括准入标准和维持标准。即被划分入创新层时需要执行的标准和维持挂牌公司需要持续满足的标准。于建科（2015）[40]认为，新三板不一定最开始就要明确地分为三层，可以遵循由低层向高层逐步建立的过程。分层市场初期需要有一个选拔机制，进入后需要设置相应的退市机制，分层标准也是不断演变的。胡雅丽（2016）[41]认为制度的改革不是一蹴而就的，需要不断进行分层标准的细化，这样不仅可以减少创新层的水分，还可以扩大进入创新层的企业。张学军和于地（2017）[42]认为新三板在发展过程中的最大阻碍是流动性不足，所以，可以推出分层制度用来解决流动性问题。但是，新三板分层机制中创新层和基础层的流动结构问题一直是人们关注的重点问题。基础层的挂牌企业股票流动性比较差，而且流动性并没有很大的改变。分层后，创新层公司的股票估值和流动性都有了明显的提升，但是基础层的改进还没有那么明显，反而流动性有所下降。针对转板而言，刘燊（2011）[43]认为大陆尚未形成完整有效的多层次资本市场，中小板与主板市场界限不清，某种程度上，中小板除流通盘较小外与主板无明显区别，各个板块之间的对接也没有完全实现。尤其是从场外交易市场来看，其监督管理机制尚不完善，缺乏公开发行和融资的能力。场内交易市场与场外交易市场也没有建立转板机制，缺乏市场吸引力。因此，我国需要建立起多层次市场分层机制，并根据各企业不同的发展阶段进行相应层次的梯级定位，使上市标准差异化以满足不同企业的要求。同时，我国还需要在不同层次市场之间建立转板机制，实现不同层次市场之间的双向转换机制，提高整个市场体系的效率。刘慧好和杜小伟（2016）[44]认为资本市场之间的转板机制有助于提高市场效率，但是必须要强化各个板块和层次间的制度差异性，使多层次的资本市场和转板机制有机结合，形成相互联动的有机整体。其中，转板机制在各个多层次资本市场中起连接作用，是多层次资本市场建设的关键部分。当前，多层次资本市场在大陆地区已现雏形，但仍缺乏有机结合，同时相应的转板制度也尚未完善。

（3）其他国家资本市场分层标准

作为欧洲最大的资本市场，英国资本市场具有代表性。近年来，伦敦证券交易所呈现出两个特点，一是在伦敦证券交易所上市的外国公司数量最多，地域分布最广；二是伦敦证券交易所内的市场专业化水平很高。刘文娟（2010）[45]梳理了英国资本市场的层次结构，包括伦敦证券交易所和场外交易市场两个层次。伦敦证券交易所又可以分为三个层次：第一层次是主板市场（Main Market），其主要职能是服务上市公司的各项交易。第二层次是选择投资市场（Alternative Investment Market，AIM），该层次下的证券属于未上市证券，这一市场是为那些高成长型的初创公司提供的一个全国性交易市场，直接隶属于伦敦证券交易所。第三层次是全国性三板市场，该层次下交易的证券也属于未上市证券。此外，英国资本市场中还有场外交易市场，为更初级的中小企业提供融资服务。英国资本市场是集中与分散相结合的一个集合的多层次资本体系，如此完善的资本市场体系保证了英国国际金融市场的地位。

日本资本市场的多层次化发展较晚，以JASDAQ市场的成立为标志，从20世纪90年代开始迅速发展。日本的多层次资本市场体系值得中国资本市场借鉴。这是因为，与其他国家相比，日本的金融结构与我国现行的金融结构最为接近，也是少数的仍以间接金融体系为主的国家。梁鹏和陈甬军（2011）[46]研究发现日本JASDAQ市场发展于场外交易市场。与美国纳斯达克市场的三分法不同，JASDAQ采用两分法，将资本市场分为Standard市场和Growth市场。Standard市场适用于盈利能力强且规模较大的企业，Growth适用于具有巨大发展潜能的企业。日本的JASDAQ市场中较为严格的转板制度和交易制度与完善的分层制度完美契合，带动了JASDAQ市场的发展，使其成为亚洲三板市场的领军板块。

新加坡资本市场也是亚洲主要的资本市场，保持着严格的信息披露制度，以市场为导向，具有一流的联通能力。在交易的活力方面，仅次于伦敦、纽约和东京。新加坡证券交易所包括两个主要的交易板块，分别为第一股市（Mainboard）与自动报价股市（SESDAQ）。其中的自动报价股市适用于有发展潜力的中小企业融资。胡海峰和罗惠良（2010）[47]认为

SESDAQ 的上市标准较为灵活，各种费用较低。SESDAQ 的成立初期，只服务于国内企业，1997 年 SESDAQ 开始对外开放，将国外的优质资产引入国内，并于第二年年初完成了与美国纳斯达克市场的互通，此后 SESDAQ 发展更为迅速。2007 年，SESDAQ 市场更名为凯利板。

基于以上分析我们可以看出，我国新三板市场与日本 JASDAQ 市场较为类似，但这两个市场的差异却不能忽视。截至 2018 年 1 月，我国有 11623 家公司在新三板挂牌，这与仅有 974 家的 JASDAQ 市场差别很大，两分法的分层标准势必不能满足市场主体的需求。所以，在分层标准上，还应当借鉴美国纳斯达克市场的分层战略。当市场企业较多的时候，可以适时推进三分法分层标准细分市场。分层制度只是新三板改革的开始，各项监管制度的出台与完善也是另外一项改革的重要内容，为我国资本市场注入新的活力。

1.2.3 资本市场分层影响因素研究

一般而言，影响分层的主要因素包括市场流动性、公司财务状况及公司成长性三个方面。市场流动性越强，公司状况越好，其所在的资本市场的层次就越高，反之越低。杨辉旭（2017）[48]指出市场流动性不足是制约我国新三板市场发挥其融资功能的重要因素，尽管我国监管层采取了做市等一系列手段来提高市场流动性，其结果却不尽如人意，建议从微观的制度层面改进市场流动性。柴瑞娟和朱士玉（2016）[30]总结了美国纳斯达克三个市场的上市标准，在财务要求和流动性方面，全球精选市场、全球市场和资本市场的要求呈递减关系，具体在财务要求和流动性要求上指标包括了净利润、股东权益、市值、总资产和净资产等。柴瑞娟和殷彤

（2016）[49]指出了日本市场分层的影响因素，主要包括上市公司业务的连续性和营业性指标、企业管理健全性指标、企业的行为安全指标、企业的信息披露指标等，反观我国新三板市场的分层方案，主要以企业的盈利能力、营业收入增速及市值和规模效益等指标作为准入门槛，这些指标反映了对公司财务状况及公司成长性的要求。谈叙和欧阳红兵（2017）[50]同样分析了美国纳斯达克市场分层给我国的经验和启发，认为我国新三板市场应该基于中小型企业与大型企业之间不同的市场稳定性、经营风险、市值总量等方面，有针对性地提出不同的上市标准指标组合，以满足不同企业的融资需求，促进企业更加良好地发展。冯燕妮和沈沛龙（2020）[6]在其研究中指出，从企业的角度来看，处于成长初期的企业，其经营制度还不完善，经营业绩不稳定，适用于上市要求较低、信息披露要求较少的层次进行融资，而对于处于成长后期并且各方面制度较为完善的大企业而言，业绩稳定，财务运行良好，适用于在上市要求较高的层次进行融资管理。这样才能实现我国资本市场较为合理的分层制度。杜丽（2020）[51]对新三板与主板和创业板等市场进行了比较分析，指出我国新三板市场的准入门槛较低，上市公司在盈利模式、未来成长性和做市规模等方面不同程度地存在差异，亟待改进。徐凯（2018）[52]也指出，相较于创业板和主板，应该着眼于新三板的差异化特征，考虑其面对的众多不成熟的中小企业，不可贸然提高或降低标准。

1.2.4 资本市场分层与金融风险研究

多层次资本市场体系的建立为不同类型的企业提供了融资平台，在一定程度上消除了企业信贷约束，从而有利于实现资源优化配置。与此同时，多层次资本市场由于各方面原因仍然面临着较高的金融风险。从流动性维度看，处于资本市场不同层次的企业有着不同的流动性，进而可能面临着不同程度的金融风险；从分层制度维度看，分层制度可能加剧企业盈余管理行为，进而加剧金融风险。因此，本小节将从流动性、分层制度两个维度梳理资本市场分层与金融风险相关的研究文献，考察有关资本市场与金融风险的国内外相关研究。

（1）资本市场分层与流动性风险

根据 BSI（1999）的定义，流动性是指在不会导致资产价格大幅度波动的情况下可以进行大量且迅速变现的交易能力，可以通过交易价格及价格调整成本占比来衡量（Bagehot，1971）[53]。股票流动性对企业金融风险的影响具有不确定性。较低的股票流动性可能会提高企业金融风险。一方面，较低的股票流动性提高了股票交易成本，当市场出现利空消息时，加速股价崩盘，加剧企业金融风险；另一方面，较低的股票流动性会加剧管理层短视效应，管理层会故意隐瞒不利股价的消息或夸大收益以维持更高的股价，从而加剧企业金融风险。

较高的股票流动性可能会降低企业金融风险。一方面，较高的股票流动性能减低交易成本，有利于大股东的形成和巩固，增加大股东监督管理层的意愿和能力，约束管理层的机会主义行为，降低股价崩盘风险，从而降低企业金融风险。另一方面，较高的流动性方便股东"用脚投票"，股东的退出威胁能够减少管理层的机会主义行为，降低股价崩盘风险，抑制企业金融风险。

由于样本长度等限制，我国学者通过流动性风险因素分析资本市场分层对金融风险的研究较少，主要研究集中于分析我国不同资本市场流动性的差异及影响因素等。从我国资本市场的流动性来看，高苗苗（2016）[54]认为，与其他市场相比，虽然新三板市场已达到其基本功能，但其换手率较低，流动性急需得到改善。牟昱洁（2017）[55]对这一现象的原因进行解释，认为投资者情绪和数量，新三板市场挂牌企业的股权过于集中等因素是导致新三板市场流动性差的主要原因。做市商制度也是对分层制度的流动性提升效应不明显的重要因素（鄢伟波等，2019）[56]。汪洁琼（2019）[57]通过研究发现，市场因素及企业的自身因素均在很大程度上影响流动性。对于企业自身因素这一问题，于旭和魏双莹（2015）[9]对多层次资本市场进行研究，认为高新技术企业的高投入、高风险和高收益等特点，是其难以获得投资者青睐的重要原因，由此造成流动性困难。

在如何提升市场流动性的角度上，陈洪天和沈维涛（2018）[58]认为适当引入风险投资者可以提升资本市场的流动性。孟为和陆海天（2018）[59]以新三板市场中的高科技企业为研究对象，对风险投资对股票流动性的影响进行了研究，发现风险投资与股票流动性存在着 U 型关系。

（2）分层制度与金融风险

我国目前的金融体系中存在着许多问题：金融市场结构严重失衡，在融资过程中银行仍然占据主要支配地位，金融交易主体结构失衡，数量庞大的国际游资是发展中国家金融安全的一大威胁等（陈建青，2013）[60]。发展多层次资本市场，即针对质量、规模、风险程度不同的企业，满足多样化市场主体的资本要求，建立多层次资本市场体系，不仅有助于满足市场主体的融资需求，也有助于将风险从银行体系中转移出去，建立有效防范、过滤和分散金融风险的重要市场机制，达到降低国家金融风险的目的。但与此同时，分层制度的施行可能会加大企业盈余操纵的可能，促使部分企业采取不正当手段达标进入更高层级，进而引发金融风险。多层次资本市场的层次划分过程中，风险性是重要考虑因素之一。

由于新三板市场起步较晚并且分层制度实施的时间较晚，我国学者研究分层制度对金融风险的影响较少，大部分研究成果集中于分层制度对盈余管理、流动性等指标的影响。管清友（2016）[61]、张学军和于地（2017）[42]对新三板市场进行研究，认为监管层仅根据企业的营业收入、净利润等外在因素对企业进行层次划分，对市场的影响有限。苏展等（2018）[62]对中南部分四省在新三板挂牌的企业进行建模研究，认为尽管创新层的财务数据要明显优于基础层，但由于分层制度的效率较低，企业能否进入创新层，主要取决于企业规模和劳动能力。

也有部分学者将中外资本市场进行对比分析，发现我国新三板市场虽然在定位上与美国纳斯达克市场、日本 JASDAQ 市场及欧洲 ATM 市场等发达国家金融市场的定位相同，但我国新三板市场相对落后，在分层制度或管理制度上仍均需要不断完善（王俊辚和田婕，2019）[63]。张毅强（2020）[64]认为制度设计不足的风险和监管机制存在的风险是资本市场分层过程中的两大风险来源。

（3）资本市场与金融风险

一方面，部分学者对不同国家资本市场之间的金融风险关系展开实证研究。国内学者韩非和肖辉（2005）[65]通过建立方差模型研究中国与美国两个资本市场的联动性和流动性问题，并基于金融风险传染角度发现中美股市相关性较弱的结论。张兵等（2010）[66]利用 GARCH 模型和线性 Granger 因果检验研究中美股市的联动关系和金融风险问题。赵进文等（2013）[67]通过非线性风险传染模型对上海市场与其他 27 个国际资本市场在次贷危机与欧债危机期间流动性和传染性进行了实证研究。国外学者 Eun 和 Shim（1989）[68]通过 VAR 模型研究 9 个股票市场风险波动的国际传递机制，并发现美国股市在国际股票市场传递中具有显著影响。Forbes 和 Rigobon（2002）[69]利用 VAR 模型研究金融危机期间的国际股票市场流动性风险问题。

另一方面，部分学者对股票市场与其他资本市场之间的金融风险关系展开实证研究。Yang（2005）[70]基于 SVAR 模型研究了 5 个工业化国家（美国、日本、德国、英国和加拿大）在 1986 年至 2000 年间的政府债券市场及风险传染问题。Gilchrist 等（2009）[71]基于 FAVAR 模型研究企业债券市场、股票市场、信贷市场和实体经济之间的流动关系及风险传染，基于实证结果发现信贷市场的冲击对 1990 年至 2008 年间的美国经济波动有显著影响。Apergis 和 Mmer（2009）[72]、Fills（2010）[73]、Kang 和 Ratti（2013）[74]等均基于 VECM 模型研究股票市场流动性风险及风险传染问题。国内学者大部分都基于 GARCH 模型研究股票市场与其他资本市场的流动性风险（丁剑平，2009；金洪飞等，2008；史永东等，2013）[75]-[77]。袁超等（2008）[78]、王茵田等（2010）[79]分别从多种视角并利用 VAR 模型和线性 Granger 因果检验研究中国债券市场与股票市场的相关性、流动性溢出和风险传染问题。

目前国内外学者对多层次资本市场与金融风险的相关研究较少，Cheung 等（2014）[80]利用线性回归模型对中国的主板市场和创业板市场之间的领先滞后关系进行了研究，同时也探讨了制度的不同所导致的金融风险防范问题。谷耀和陆丽娜（2004）[81]通过 DCC-(BV)EGARCH-VAR 模型对沪、深、港三地股票市场收益和波动溢出效应与流动性进行实证研究。张金林和贺根庆（2012）[82]基于DCC-MGARCH-VAR模型对中国创业板和沪、深主板市场之间的时变联动关系进行了实证研究，并且探讨了金融制度不同所带来的金融风险问题。李腊生等（2010）[83]通过对这三个不同的资本市场的收益率进行统计描述并建立GARCH-M模型，讨论了流动性风险。祝鸿玲（2020）[84]基于多层次资本市场间的风险传递理论建立了二元VAR-BEKK-GARCH模型，研究了我国发展较快的债券市场和商品市场，并对两个市场间的波动溢出效应进行了实证分析。

新三板市场的发展受到了大家的关注，但目前学界对新三板市场的研究大多集中于对新三板市场的制度和功能的研究，对新三板市场的分层及新三板市场分层导致的金融风险实证研究几乎没有。如李冰（2013）[85]对我国新三板证券市场中做市商制度的构建进行了实证研究。张琳（2015）[86]对新三板企业的流动性进行了实证分析，研究发现新三板挂牌企业流动性较弱，并在此基础上分析了流动性较弱的原因。

1.2.5 资本市场板块互动研究

"板块"一词最早来源于地质学，该学说将岩石圈分裂的大块岩石称为板块。其后，"板块"作为分类的标准被广泛应用于金融学。Barberis和Shleifer（2003）[87]对金融市场进行分类，将股票市场中具有相同或相似股票特性的股票群体定义为股票市场中的"板块"。根据不同的资本市场规模、监管力度及潜在投资风险的大小，中国资本市场也分割为几个不同的板块，这些板块被归类于场内市场和场外市场。场内市场由主板、中小板和创业板构成。2015年证监会发布的《场外证券业务备案管理办法》中将新三板市场也归为场内市场，该板块上市企业可面向公众发行股票，股东数量不限；场外市场由新四板（区域性股权交易市场）和新五板（券商柜台交易市场包括天使投资、风险投资、股权众筹等股权投资市场）构成。新四板市场，指的是新三板之后成立的各地股权交易中心，新四板的定位是继主板与创业板之后的区域性资本市场，服务于中小型、具备成长性，以及有价值的企业。由于新五板处于刚起步阶段，体量较小，目前主要研究前四个板块。

（1）国外板块互动研究

板块互动指的是板块之间的相互关系，包括相互促进和相互抑制等关系。板块之间常常潜藏着某种联系，不能将某一个板块独立于其他板块。因此，若脱离其他板块单独研究某一个板块，得到的结果可能不太准确，需要考虑其他板块的影响。基于此，大量学者和投资者对其进行分析和研究，这些研究大部分围绕板块内部的联动效应和板块之间的轮动效应两方面。经过早期众多学者的研究，板块内部联动效应在理论与实证层面均已被证明。而板块之间的轮动效应（也称板块互动）的研究在理论和投资策略上仍然存在分歧，因而对板块轮动效应的研究虽任务艰巨，但意义重大。Greetham 和 Hartnett（2004）[88]将经济周期和资本市场的行业轮动相结合，通过对4个不同经济周期（衰退阶段、复苏阶段、过热阶段和滞涨阶段）下资本市场行业表现进行计算，进而得出基于投资时钟的行业轮动策略。Jacobsen 和 Stangl（2009）[89]在一篇行业轮动关系的研究报告中采用 NBER 的商业周期划分方法，对多达48个二级子行业的行业表现进行测算，其结果表明行业轮动的投资方法不能显著获得超额收益，但若在收缩初期持有现金或债券，其他阶段继续采用行业轮动策略则会有显著的超额收益。Sahlman（1990）[90]运用格兰杰因果关系检验，分析了金融部门与实体部门间联动关系，通过 GARCH-in-Mean 模型指出资本市场板块数据会影响股票价格。Desai 和 Foley（2004）[91] 指出，资本市场上实体板块与虚体板块之间的互动背后的逻辑，在于实体经济与虚拟经济在宏观经济层面上的互动。Peretto 和 Valente（2011）[92] 参照 Wind 数据库指标，分别计算了处于不同资本市场板块的挂牌企业股息率，指出板块内部联动性会影响企业盈利能力。Kim 和 Lee（2018）[93] 采用网络测度的方法，指出在板块间的轮动效应下，一个板块中某一行业企业的超额收益率会传导至其他板块中相同行业的不同企业。

国际上已有众多学者对金融市场互动关系进行了研究。这些研究大部分以欧美股市作为研究对象，如 Eun 和 Shim（1989）[68] 通过对 9 个市场的向量自回归系统进行估计，考察了股票市场波动的国际传导机制。Koutmos 和 Booth（1995）[94] 对纽约、东京和伦敦股市的价格和波动的传导机制进行了研究，利用扩展的多变量指数广义自回归条件异方差（EGARCH）模型描述市场上涨和市场下跌对波动传播的不对称影响，结果发现当上一个市场下跌时，特定市场的波动溢出效应要明显很多。Simsek（2013）[95] 通过构建资本市场结构模型，对中美多层次资本市场结构分层进行了比较，模型显示，美国资本市场为正金字塔结构，从第一层主板到第二层创业板、第三层场外市场新三板，挂牌企业数量逐级增加，板块间互动密切；而中国资本市场为倒金字塔模型，各板块间联动关系相对较弱。Adrian 和 Shin（2010）[96] 通过 Malmqist 模型，得出了金融市场间互动有助于提升市场中挂牌企业融资效率的结论。近几年的研究又扩展到对债券市场间的研究，如 Yang（2005）[70] 研究了美国、英国、德国、加拿大和日本这 5 个国家政府债券市场间的互动关系，通过递归协整分析表明，这 5 个债券市场在样本期内不存在长期均衡关系。Skintzi 和 Refenes（2006）[97]对欧洲债券市场之间的动态联系进行了考察，并基于 EGARCH 模型对美国和欧洲债券市场的价格和波动溢出效应建模，结果表明美国和欧洲债券市场都存在显著波动溢出效应，此外，欧元的引入增强了大多数国家的波动溢出效应及相互关联性。除此之外，还扩展到对汇市之间联动关系的研究，Hong（2001）[98]的研究结果表明，美、英、日、加等国际主要股市间具有显著的溢出效应及相关性，尤其是在金融危机期间，其溢出效应和相关性更为显著，Forbes（2001，2002）[69][99]将这种超越经济的基本面的相关性称为"金融传染"，而 Berkaert 等（2005）[100]将这种相关性称之为"过度相关"。Chong 等（2008）[101]利用股票市场每日开盘价和收盘价研究了东京证券和七国集团其他股票市场之间是否存在领先滞后关系，同时还分析了其他股票前一日交易走势是否可以为东京证券交易所制定有利的交易策略。Diebold 和 Yilmaz（2009）[102]从信息溢出指数角度研究了 19 个国家证券市场间的互动关系。Seppo 等（2007）[103]发现当经济周期处于繁荣或复苏阶段时，美、日、欧证券市场的互动可产生激励效应。Kim（2013）[104]以欧洲近 5 万家中小企业为样本研究发现，资本市场中某一板块的企业股价出现普遍下滑趋势会对另一板块中企业的 IPO 融资产生负面影响。

（2）国内板块互动研究

中国股市相对国外成熟市场来说，运行机制及法律制度等各方面仍不完善。因此，根据"十三五"规划的要求，深入改革创业板和新三板，同时大力推动多层次股权融资市场和区域性股权市场的健康规范发展，这对建立更加有效、更加完善、更加丰富的股票市场具有重要意义。由于金融市场具有深度、宽度、结构复杂度等特征，因而在不同层次股票市场中的板块在监管力度、投资风险和准入门槛等方面具有明显差异，且不同板块也具有不同的功能和市场定位，它们之间既有一定的联动性又具有相对独立性，其联动性表现在投资者的投资行为如非理性投资、跨板块配置投资组合及投机等行为。特别是金融危机发生期间，板块的波动容易相互影响，即其中一个板块波动常常会引起其他板块波动，从而使风险在不同板块之间蔓延，这就是金融市场风险传染现象。对于股票市场来说，中国股市成立20多年来出现的"齐涨齐跌"现象，正是印证了股票市场板块之间的内部联动效应，而股票市场板块之间的轮动效应则是在近几年才被广泛关注，从投资者一开始对板块间"风水轮流转"般的炒作，到现在板块轮动基金如雨后春笋般的发行和兴起，均说明这一现象逐渐被很多学者关注，以及投资者对板块之间轮动效应分析的热情。对股票市场板块之间轮动效应的研究有助于加强投资者对股票市场的认识，并引导投资者根据股票市场板块之间的轮动规律进行有效投资，从而获取更多收益。

当前，大部分学者将板块视为一个独立的对象进行研究，如陈守东等（2003）[105]从收益率与波动性两个角度研究了沪深两主板市场，发现其收益率存在较强的相关性和显著的风险溢价，且波动性具有非对称溢出效应。郭乃幸等（2013）[106]从不同阶段的收益率和流动性两方面分析研究了上证主板与创业板之间的溢出效应，结果表明在第一阶段即创业板的成立初期，由于市场的不成熟，两板收益率具有显著溢出效应，而流动性则具有从创业板到主板市场的单向溢出效应；在第二阶段即成熟阶段，两板块间仅流动性具有溢出效应，而收益率则没有溢出效应。姜凤利和王雪标（2013）[107]利用VAR模型及格兰杰因果关系检验方法，对中小企业板块和创业板块进行了实证研究，发现两板块之间虽然没有长期均衡关系，但是也存在相互影响关系,且创业板对中小板的影响更小,而创业板的投资风险相较于中小板来说则更高。Cheung 和 Liu（2014）[80]利用高频数据从微观层面对我国主板和创业板之间的相互作用进行了分析,并利用线性回归模型对两板之间的领先滞后关系进行了研究,发现创业板能促进主板市场的交易活动,且信息从主板到创业板市场溢出。虽然两板市场具有不同的信息不对称程度,但创业板的推出从整体上提高了证券市场的质量。廖士光等（2014）[108]利用 Lotka-Volterra 模型从交易规模角度研究了创业板与沪深两主板间的关系,结果表明两市场之间存在竞争性交易转移效应,也就是说,创业板在推出后,会吸收分流原本投资或准备投资到主板市场的存量资金及潜在增量资金,而创业板与中小板的交易规模则是互惠共存、相互促进的关系。

以上都是以局部均衡作为研究的基础,只关注两板块的相互关系,也有学者对各板块间的互动关系进行研究。如李红权等（2011）[109]运用洪永淼教授的信息溢出检验方法,系统考察了次贷危机前后我国 A 股市场与美股、港股之间的互动关系,研究发现美股在三者关系中占据主导地位,并且对我国 A 股市场和港股存在金融传染效应,表明 A 股并不是一个"独立市",而是一个能反映并能影响包括美股和港股在内的外围市场重要信息传递的股市。同时,从多个溢出层面包括均值、波动率及极端风险体现了 A 股与美股和港股的互动关系,既表现出线性关系又有非线性关系。张立（2013）[38]基于 Jefrey-Wurgler 资本配置效率模型,对中国台湾地区场内和场外市场的资源配置效率进行了研究,结果发现场外市场相对于场内市场具有更高的资源配置效率。吴天雷（2012）[110]以美林投资时钟作为研究框架,首先介绍了比较著名的经济周期和板块轮动的相关理论,进而结合更具操作性和实践性的方法,对我国自 2000 年至 2011 年 12 年的经济周期进行了划分,并通过在统计各阶段资本市场的表现中发现的规律,构造了一套有效的交易策略,在资本市场上获得了超额收益。孟德峰(2019)[111]同样利用美林投资时钟报告,从理论和实证分析中发现,经济周期可以作为预测我国 A 股市场的一个工具,并在不同的经济周期中,利用行业轮动差异性选取不同的资源配置,从而达到在降低风险的同时还能保有一定的收益率。袁泽波(2013)[112]以周期为分类标准,通过将板块分成周期和非周期两类,对我国股票市场板块轮动效应进行了研究,从股票市场内生和外生两个因素及实体经济的三个运行层面,分析了我国股市周期和非周期的板块轮动效应和影响因素,以及轮动效应的具体表现形式。结果发现,在我国 A 股市场中,月度收益率不存在时间序列上的板块周期和非周期轮动效应,但是从实体经济运行、货币环境变化和股票市场因素来看,我国 A 股市场均存在相应环境下的周期和非周期板块的轮动效应。黄伟麟等(2014)[113]利用资本市场四大板块的数据,在定量分析和定性分析方法结合的基础上,对我国高新技术制造企业生命周期和各层次资本市场的关系进行了研究,发现企业生命周期的发展规律和不同层次的资本市场存在良好的对接关系,并验证了企业生命周期能具体应用在多层次资本市场中。方意(2015)[114]对不同国家(地区)场内市场即主板、中小板及创业板之间的非线性关系进行了研究,并利用格兰杰因果方法对各板块之间分割性和传染性的假设进行了检验,发现市场之间的传染方向能释放出金融危机的相关特征。李建勇(2016)[115]等站在全局的层面研究考察了三个场内股票市场板块的潜在相互影响,他们从种间关系的角度出发,运用 Lotka–Volterra 模型,研究分析了我国多层次场内股票市场的各个板块间的互动关系，研究发现：①多层次资本市场的建立对提升各类企业容纳度、市场内部稳定性及抵御冲击能力均有显著效果，同时还能促进市场协调发展；②我国多层次股票市场格局由沪深股市的互动形态决定；③场内股票市场板块互动关系受 IPO 影响，当出现行政性停发时，对板块互动关系具有消极影响；当恢复时，场内交易出现资源争夺的现象。基于板间波动的溢出效应，李航等（2018）[116] 对我国场内股票市场中的各板块互动关系进行了研究，并采用时变波动溢出指数方法分阶段对板块间互动关系进行定量研究，同时还对各板块溢出方向、溢出水平及动态趋势进行分析，结果发现场内市场板块的波动溢出具有明显的不对称特性，且溢出都表现为单向性，包括从中小板到主板的单向性及中小板到创业板的单向性。同时，股票市场总溢出指数与各板块定向溢出指数没有明显趋势特征，但是被内外部极端事件影响。

1.2.6 文献评述

本研究主要从多层次资本市场的分层依据、分层标准、分层影响因素、资本市场分层与金融风险，以及资本市场板块互动五个方面对国内外有关资本市场分层的相关研究进行了梳理与综述。

中国的资本市场是在政府主导下，自上而下地形成的多层次资本市场。虽然成熟的市场经济国家资本市场多层次发展有丰富的经验，但是也并没有形成一套成熟的理论，不过这些市场的上市标准、交易方式、地理空间等有关分层实践的经验仍然是值得我们借鉴的。通过对上市标准的相关研究的梳理，可以发现不同的企业一般适用不同的发行上市标准。其中，较高的上市标准一般适合于大企业，较低的上市标准则适合于中小企业，而且在不同发展阶段企业所承担的风险，以及利用股票市场的制度和信息的成本有所不同，因此，资本市场的分层与高新企业的生命周期密切相关，不同的生命周期适应不同层次的资本市场。早期地理空间的限制导致简单的股票市场分层，随着信息传递突破地理空间限制，地理空间仍然会导致一定的股票市场分层，投资人熟悉的公司、中心城市的公司、金融密度高的地区的公司会得到更多的投资人青睐。

以往文献对美国纳斯达克市场及英国、日本、新加坡等国较成熟资本市场的分层标准进行了研究，其成熟经验可供中国资本市场借鉴。目前中国多层次资本市场体系已经初步形成，但是缺乏有机的整合，不同层次的资本市场之间缺乏完善的转板制度，尚未搭建起板块之间的桥梁，在新三板分层机制中，创新层和基础层的流动结构问题一直是关注的重点问题。

从理论上看，资本市场分层可以通过影响股票流动性进而对企业的金融风险造成影响，而不同的分层制度也可以通过影响企业的盈余管理行为影响企业的金融风险。目前，我国新三板市场发展处于初期阶段，相关的制度与监管仍需不断健全和完善，并且新三板市场分层制度的实施时间较短，通过梳理已有研究文献发现，现有文献研究集中在新三板市场的分层是否会导致新三板市场中流动性风险问题，也有部分文献研究了如何提升市场流动性问题，同时有一定数量文献基于新三板分层标准对金融制度所带来的风险进行了研究，也有部分学者从交易制度的角度进行研究，少部分学者将中外资本市场进行了对比分析，研究发现我国新三板市场在定位上与美国、日本及欧洲等发达国家的金融市场相同，但我国新三板市场发展仍相对落后，分层制度、管理制度和市场制度均需要完善。

目前国内外对新三板市场分层与金融风险影响关系的相关实证研究几乎没有，经过对现有研究文献总结与分析发现，国内外学者对资本市场与金融风险实证研究非常丰富，大量文献集中研究不同国家资本市场的金融风险和股票市场与其他资本市场的金融风险，并且多是利用VAR及GARCH类模型，也有部分文献基于线性和非线性Granger因果检验研究，对多层次资本市场与金融风险的相关实证研究文献研究较少。

资本市场中根据不同的资本市场规模、监管力度以及潜在投资风险的大小，可以分割为不同的板块，其中新三板是我国多层次资本市场的重要组成部分，亦是中国多层次资本市场建设中必不可少的部分，对于促进企业特别是中小微企业股权交易和融资，鼓励科技创新和激活民间资本，加强对实体经济薄弱环节的支持，具有积极作用。国外板块互动的研究主要围绕板块内部的联动效应和板块之间的轮动效应两方面，板块内部联动效应无论是理论还是实证层面都已被证明，而板块之间的轮动效应（也称板块互动）的研究在理论和投资策略上仍然存在分歧。对金融市场互动关系方面的研究，大部分以欧美股市作为研究对象，考察股票、债券等市场波动的国际传导机制、溢出效应等。国内关于板块互动的研究都是将板块视为一个独立的对象进行的，对双板块的溢出效应、均衡关系等进行了研究，也有许多研究不限于双板块，而是指出各板块间的互动关系，包括场内市场和场外市场的互动关系、股票市场板块轮动效应、企业生命周期的发展规律和不同层次的资本市场的关系、不同国家场内市场的传染、股票市场各板块的互动关系等。

股票市场分层贯穿了整个成熟市场经济国家资本市场的发展历史，是完善资本市场结构一条最重要的路线。成熟市场经济国家资本市场的多层次是自发演进形成的，是市场选择的结果，自下而上，先有低级再有高级，体现一种精选过程，其形成模式是一种典型的诱致性变迁模式。虽然成熟市场经济国家资本市场多层次发展的经验丰富，但并没有推出一套对应的多层次资本市场理论，西方学者并没有直接将多层次资本市场体系作为一个独立的研究对象进行细致的研究。而我国资本市场的多层次发展，大部分也是效仿发达国家资本市场的发展模式，其理论大多来源于对我国资本市场实践的相关研究，目前大多数的文献仅仅在纸面上探讨了一下资本市场分层情况，总结了分层的注意事项和分层后的政策建议，没有真正给出合理的资本市场内部分层的制定标准，同时也没有利用实证方法检验相关分层标准的制定，尚未研究资本市场的分层对整个国家的资本市场的生态系统是如何影响的，未形成一整套科学合理的"多层次资本市场"的理论研究体系。

多层次资本市场完全是一个"中国化的概念"，厘清上述问题，对合理建设适合我国国情的多层次资本市场具有重要的理论和实践价值。未来的研究应当在梳理国内外股票市场的分层逻辑的基础上，结合我国的国情，形成一套适合我国的多层次资本市场理论。因此，厘清我国目前的资本市场分层存在哪些问题，应当采取怎样的分层逻辑和标准，以及资本市场分层对完善我国资本市场体系是否有显著的促进作用，是本书关注的主要问题。

1.3 研究内容与方法

1.3.1 研究内容

基于上述分析，本书拟研究的内容包括以下五个方面：

第一，梳理国内外资本市场的分层逻辑，讨论优劣之处。我国资本市场分层大部分是在模仿成熟市场经济国家的资本市场，那么，资本市场为什么要进行分层？成熟市场经济国家的资本市场是如何分层的？采取什么样的分层逻辑？美国的资本市场是在民间自然诞生，因此，其资本市场多层次发展的过程中仅存在大量的经验证据，没有严谨的理论依据，而多层次资本市场的概念完全来自中国，据此清晰界定这一概念对研究我国新三板市场具有重要意义。

第二，分析国内外资本市场中，不同市场层级之间在流动性、经营业绩、投资者结构上的差异情况，并和我国新三板市场分层进行对比。股票的功能是满足企业的直接融资需求，但是如果股票流动性不强，则很难变现，会严重影响投资者的积极性，造成股票市场的供给需求差异，导致股票价格的下降。因此，流动性成为评判一个市场好坏的重要依据，股票的交易和定价都离不开市场的流动性。好的公司经营业绩代表着公司的高盈利质量和高成长性，投资者结构同样能影响股票的定价和交易。通过与美国 NASDAQ 市场、我国台湾地区柜买中心分层标准的对比，借以发现新三板市场在分层标准上的不足，从而为改善新三板市场的流动性差等缺陷提供新的视角。

第三，新三板市场应当如何制定市场分层的逻辑或标准？当前新三板市场对不同层级之间设置的标准是否适当？在现实中，股票市场并没有直接以不同股票的风险收益特性作为对象进行划分，而是根据上市标准、交易方式、地理空间等差异进行分层。如果交易所或其他权威机构直接以风险为标准进行股票市场的分层，是对市场力量的替代，有悖于自由市场的基本原则。但是，实际上以上市标准、交易方式、地理空间等对股票市场分层也与股票风险收益特性息息相关，因此，也需要重点关注新三板市场中各公司股票的流动性指标、财务健康情况和未来成长潜力，以便为分层标准的科学制定提供可靠依据。

第四，新三板市场的风险主要来源是什么？新三板市场在分层后所面临的风险有变化吗？新三板创新层和基础层所面临的风险有何区别？应该如何防范化解这些风险？选题拟通过定量分析与定性分析方法相结合，运用复杂网络模型量化分析新三板市场各层次之间金融风险的传染机制，探讨解决以新三板为代表的新兴资本市场风险预警和防范问题，以期控制新三板市场整体金融风险。

第五，我国新三板市场分层后应如何与现有的市场板块错位发展，并且如何在国家的宏观战略中找到市场发展的抓手？已有研究发现新三板市场对其他市场板块的交易规模均有正向促进作用，那么新三板分层后对我国整个资本市场及已有的板块市场的影响又是如何？选题拟通过模型构建、变量选取、数据搜集和整理、模型估计、结果分析等过程，研究新三板分层后对股票市场的影响,并且探讨新三板市场的发展方向,如何使其能够有效解决我国中小企业融资难的问题,成为促进我国经济又好又快发展的重要推动力。

1.3.2 研究方法

本书主要研究方法包括:

第一,历史研究与归纳演绎相结合。资本市场微观结构的现状及存在的问题,都是历史发展的积累,具有很强的路径依赖特征,本书在梳理了我国资本市场近几十年发展历程的基础上,借鉴美国、日本、欧洲等资本市场发达国家的分层经验,对资本市场的分层逻辑、分层标准、板块互动和风险防范四个方面进行归纳研究。同时,从为什么要进行资本市场分层,多层次资本市场作用机制是什么,分层发展能够带来什么样的好处等问题进行逻辑推导与论证,为我们研究新三板市场的分层提供理论依据。

第二,规范研究和实证研究相结合。首先,通过利用数据库资源检索国内外相关文献,并在此基础上对于国内和国外的股票市场分层逻辑进行分类分析与归纳,准确掌握该领域的研究背景与研究思路。其次,对比分析美国纳斯达克市场、我国台湾地区柜台买卖中心和新三板市场的分层情况,从流动性、经营业绩和投资者结构等方面进行比较。最后,以数据库为基础进行实证研究。具体方法是:①量化评级法:根据国内外的市场分层标准,从流动性指标、财务健康指标和未来成长指标这三个维度来选优质企业进行分层,通过量化评级,从良莠不齐的企业中筛选出比较优质的企业，通过分析这些优质企业的一些共有的流动性指标和财务经营指标，以设定新三板市场的分层标准。②Lokta-Volterra模型：利用单位根检验和非线性最小二乘法，分析新三板市场分层后不同层次之间的互动关系，以及所分层次与我国股票市场其他市场板块之间所呈现的互动关系，借此证明新三板市场在分层后对于整个资本市场体系的作用和意义。③金融风险溢出的复杂网络模型：运用方差分解与复杂网络技术，研究新三板市场不同层的金融风险传染过程，描述不同市场层次在风险溢出过程中呈现的各自特征。

基于上述方法，本书的研究思路是：①梳理多层次资本市场相关理论，并从理论模型上分析资本市场分层的必要性。新三板市场作为我国多层次资本市场的重要组成部分，其市场内部分层需要相关的理论进行支撑。②通过与美国纳斯达克等和我国新三板市场具有一定相似度的市场做对比，从流动性要求、经营业绩要求、投资者结构这三个方面进行研究，为此后新三板市场的分层标准提供借鉴。③通过量化评级的方法，构建流动性指标、财务健康指标和未来成长指标三大指标体系，筛选出比较优质的企业，对差异化比较严重的企业进行聚类。④基于前述分析，设计基于资本市场分层逻辑的金融风险防范机制，同时运用复杂网络模型量化分析新三板市场各层次之间金融风险的传染机制。⑤基于"金融生态系统"和Lokta-Volterra模型，主要分析分层后新三板市场如何发展的问题，研究新三板各层与我国其他板块市场的互动关系。⑥在理论与实证分析基础上，提出具体的、针对性强的政策建议。⑦总结研究结论，提出研究展望（如图1-2）。

```
┌─────────────┐         ┌─────────────────────────────────┐
│  理论基础   │         │ 资本市场分层原因的理论基础、分层依据、│
│             │         │ 分层发展的功能以及分层后的板块互动  │
└──────┬──────┘         └─────────────────────────────────┘
       ↓
┌─────────────┐         ┌─────────────────────────────────┐
│  经验借鉴   │         │ 中国资本市场分层标准VS相似资本市场  │
│             │         │ 分层标准                        │
└──────┬──────┘         └─────────────────────────────────┘
       ↓
┌─────────────┐         ┌─────────────────────────────────┐
│  分层标准   │         │ 量化评级方法推导分层标准         │
└──────┬──────┘         └─────────────────────────────────┘
       ↓
┌─────────────┐         ┌─────────────────────────────────┐
│  风险防范   │         │ 资本市场分层的金融风险防范机制    │
└──────┬──────┘         └─────────────────────────────────┘
       ↓
┌─────────────┐         ┌─────────────────────────────────┐
│  错位发展   │         │ 金融生态系统检验板块间的互动关系  │
└──────┬──────┘         └─────────────────────────────────┘
       ↓
┌──────────────────┐    ┌─────────────────────────────────┐
│对策建议、结论与展望│    │ 提出建议、设计政策、归纳结论、进行展望│
└──────────────────┘    └─────────────────────────────────┘
```

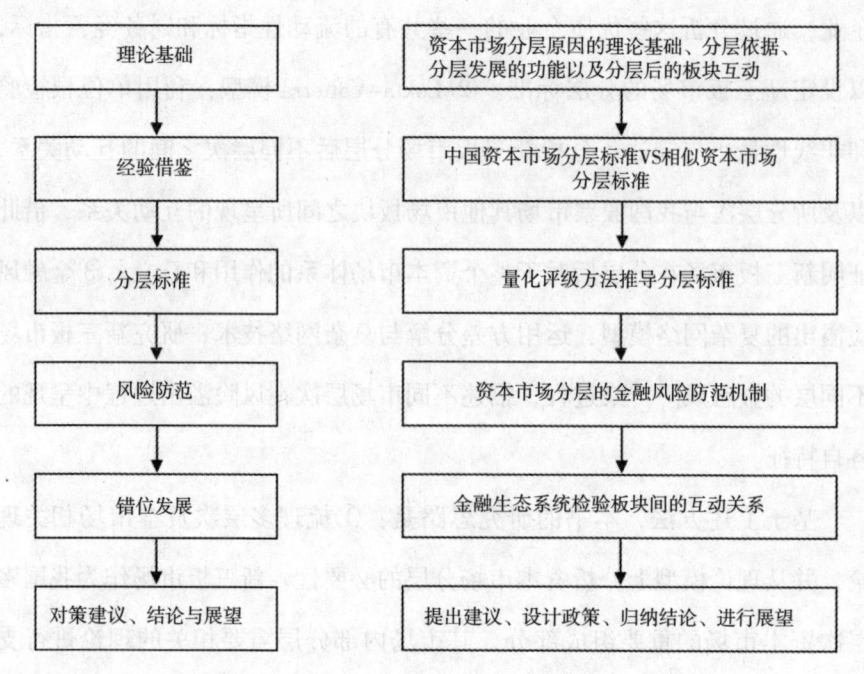

图 1-2 本书研究的技术路线图

1.4 主要工作和创新

第一，将资本市场分层理论与新三板市场发展实践相结合，通过理论模型分析资本市场多层次发展的必要性；对比研究新三板与美国NASDAQ市场、我国台湾地区柜买中心的分层标准，完善中国多层次资本市场理论。从之前的几次新三板分层的结果来看，创新层与基础层之间的差异化过小，市场不能满足新三板挂牌企业的相关的功能和要求。为了进一步制定有效的分层标准，本书将美国NASDAQ市场和我国台湾地区柜买中心的成功分层经验吸收到新三板市场。这也在理论上丰富资本市场分层制度下中小企业融资问题的研究。

第二，针对我国新三板市场的现状，构建新三板市场分层量化评价体系，以合理性标准规划新三板分层标准的制定。新三板市场目前挂牌的企业较多，而且企业差异化比较严重，这就给我们的量化评级带来相应的难度。进行量化评级分析后，找到一些优质的上市公司，将这些优质公司的指标与现有新三板进入创新层的准入条件进行对比，为新三板市场科学分层提供依据。

第三，运用方差分解法与复杂网络模型，研究新三板市场分层后，不同层次资本市场在错位发展中所面临的金融风险特征及各层次间的风险传染作用，并提出应采取的风险防范机制，以实现风险的分层管理。现有资本市场风险的研究大多关注主板等起步较早的板块，或是关注资本市场整体的风险，本书则重点从多层次资本市场角度研究新三板分层后面临的风险。

第四，基于新三板市场分层，研究基础层和创新层的定位。新三板分层的本质在于帮助上市企业健康成长，提高政府的管理效率。在研究新三板分层标准后，本书继续研究新三板与我国其他资本市场的互动情况，找准新三板市场未来发展方向，探寻新三板市场未来发展之路。

1.5 本书的基本结构

本书共分 8 章，各章节之间具有紧密的逻辑联系（图 1-3）。

第 1 章绪论，阐述了本书的研究背景和研究意义，介绍了本书的研究内容和研究方法，指明了研究重点和创新点，从资本市场分层依据、分层标准、分层影响因素、金融风险和板块互动五个方面对国内外研究进行了综述，并总结评述前人研究的可借鉴之处与研究不足，为本书研究奠定研究基础。

第2章从理论分析角度对资本市场分层理论进行总结并分析了资本市场分层原因，介绍了中国资本市场分层的状况。

第3章详细介绍了新三板市场、美国纳斯达克市场和我国台湾地区柜买中心这三个比较类似市场的内部分层发展现状、分层背景和发展特点，通过从市场的流动性要求、经营业绩要求、投资者结构这三个方面对比，为新三板内部分层标准的制定奠定基础，并为第4章的分析提供分层标准的现实依据。而马克思主义理论认为感性经验是知识的唯一来源，一切知识都通过经验而获得。为了能够制定合理并且有效的新三板分层标准，就必须去借鉴诸如其他成功资本市场的分层标准。

第4章中，基于"量化评级法"以流动性指标、财务健康指标和未来成长指标这三个维度来构建新三板市场分层指标体系模型，从良莠不齐的企业中筛选出比较优质的企业，以挑选出的这些公司的条件与现有创新层准入条件进行比较，为新三板分层标准的改进提供科学依据。

第5章对新三板市场的金融风险进行系统性实证分析，有针对性地向政策制定者提出金融风险防范和化解的相关建议。先从两类风险指标——企业自身风险（财务风险、经营风险、信息披露风险）和资本市场风险（交易制度风险、流动性风险），量化分析新三板市场各层次的风险分布情况及变化趋势。而后将方差分解和复杂网络技术相结合，实证分析新三板市场各分层之间金融风险的传染机制和表现特征。

第6章基于金融生态系统和Lokta-Volterra模型,实证研究新三板市场分层与我国资本市场其他板块的互动关系,探讨设计的新三板的分层标准是否带动了新三板效率的增长,对我国股票市场的其他板块,具有什么样的影响?通过考察引入新板块后其与其他既有市场板块之间互动关系的方式,对整个市场体系的整体效率进行间接检验。

第7章将基于文章对新三板市场分层的研究结果,全面总结我国新三板市场在分层方面存在的问题,并从分层新三板市场错位发展、其生态建设的战略定位及金融风险防范方面进行政策反思,从而提出有针对性、操作性强的对策建议。

第8章是本书的对策建议、结论和展望。

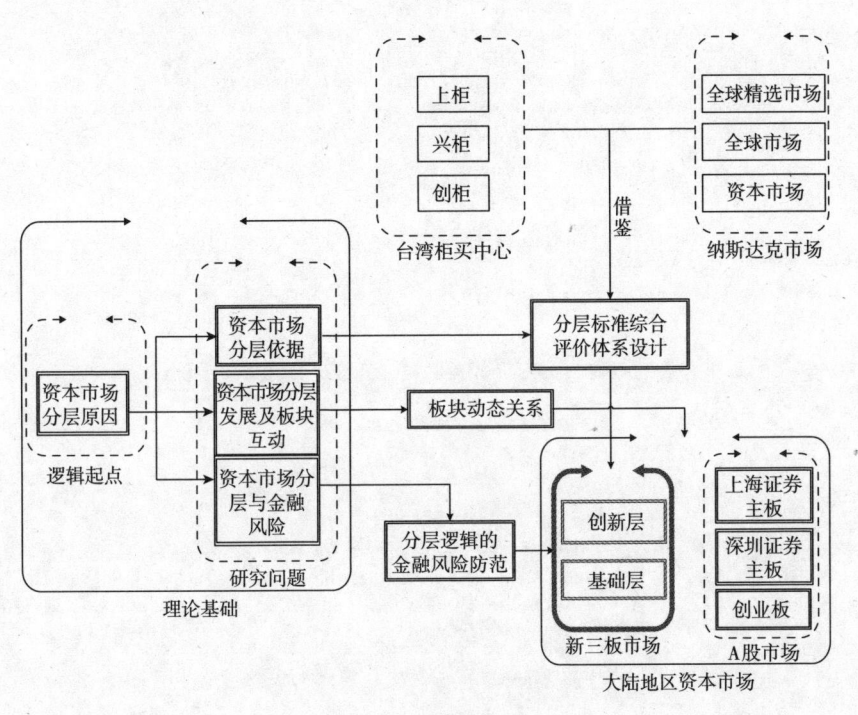

图1-3 研究框架图

第2章 资本市场分层理论与动机分析

从逻辑层面来看，资本市场的主要目的在于服务实体经济和满足企业融资需求，并且如果从政府监管的角度看，单一的市场结构有助于政府的监管，那么为什么几乎所有国家都选择了资本市场的多层次发展，而没有去选择单层次市场大幅扩容这个方法呢？资本市场分层的真正原因为何？分层的逻辑是什么？分层后不同层次的市场又存在什么关系？只有解决这些问题才能深刻理解新三板市场分层的目的是什么，才能知道如何制定合理的分层标准，才能明白新三板分层下一步如何发展。

2.1 多层次资本市场的内涵

多层次资本市场主要包括多层次交易市场，以及市场参与方多样化的需求，它是由各市场要素有机构成的金融生态体系。具体来说，多层次资本市场包括不同交易所之间的跨市场流动性、可替代性和竞争关系等跨市场间的关系，也包括交易机制、市场参与方、市场质量等市场微观结构。因此，多层次资本市场并非单一概念，其内容是丰富的、系统的、多方面的。这种多层次特征决定了建设多层次资本市场的基础及其内涵的多元性（周小川，2013；辜胜阻，2016；杨辉旭，2017）[117][118][48]。

资本市场分层贯穿了整个成熟市场经济国家资本市场的发展历史，多层次资本市场至今也是完善的资本市场结构中一个最重要的特征。成熟市场经济国家资本市场的分层是自发演进形成的，是市场选择的结果，自下而上，先有低级再有高级，体现一种精选过程，不同层次市场满足不同企业的融资需求（李建勇等，2016）[115]。在百余年市场自治基础上不断"收权"，最终形成"金字塔"式多层次资本市场。其形成模式是一种典型的诱致性变迁模式（胡海峰和罗惠良，2011）[47]。

　　成熟市场经济国家资本市场多层次发展的丰富经验并没有提出一套相应的多层次资本市场理论。西方学者并没有直接将多层次资本市场体系作为一个独立的研究对象，以致我们在浩瀚的现代金融文献中，竟然找不到和多层次资本市场体系相匹配的概念。西方学者所使用的"证券市场结构概念"，包含了我国多层次资本市场体系的大部分内容，但它们毕竟是两个内涵和外延上的不同概念，而且西方学者所研究的结构问题的侧重点并不在资本市场的分层上。

　　在我国，早在20世纪末，就有一些学者（王国刚，1998；孙小凡，1996）[119][120]开始提出"多层次资本市场"这一概念，并对此进行了相关研究。从理论界到决策层，对于我国资本市场改革和发展的目标方向的选择，他们从一开始就认为理想的资本市场应该是多层次的，并为我国多层次资本市场设计了一系列目标模型（白钦先，2003；蔡双立、张元萍，2008；吴晓求等，2004）[121]-[123]，构建了满足不同类型企业融资需求的多层次资本市场体系（刘鸿儒，2004）[124]，并且将其作为中国资本市场改革与发展的目标（徐凯，2018）[52]。决策层在2003年10月首次明确提出"建立多层次资本市场体系"后，多次强调要"逐步建立满足不同类型企业融资需求的多层次资本市场体系"。为了进一步加强多层次资本市场的健康发展，党的十九大报告中指出首先要进一步深化金融体制改革，其次提高金融对实体经济的服务能力，最后注重直接融资提高其占比。由此可知，理论界与决策层关于中国资本市场在多层次建设上具有高度默契。具体来说，中国资本市场发展是一个由政府主导，自上而下的强制制度，制度设计者会带着明显的构建理性主义的乐观精神,来把握经济社会发展的趋势,设计发展路径,描绘未来发展蓝图,以强制性力量推动相关制度的实施(曹和平和孟令余,2013)[125],因此,多层次资本市场完全是一个"中国化的概念"。

2.2 资本市场分层动机分析

资本市场分层是指,为了降低投资人在信息搜集成本、风险控制能力等方面的难度,对市场内企业实行既定的层级划分标准,对各个类型的企业进行聚集整合和筛选,为不同挂牌企业的市场需求提供与之适合的资本市场,从而实现资源最优配置。

2.2.1 分层必要性

2.2.1.1 单层次市场的弊端分析

资本市场的主要目的在于服务实体经济和满足企业融资需求,如果从政府监管的角度看,单一的市场结构有助于政府的监管,那么为什么几乎所有国家都选择了资本市场的多层次发展,而没有去选择单层次市场大幅扩容这个方法呢?究其原因,单层次资本市场存在着逆向选择的弊端,而当资本市场分层发展后,存在着帕累托改进。本书通过构建经济学理论模型对上述问题进行分析。

假设一个经济体仅存在单一资本市场 A,所有企业不论规模大小及其所处发展阶段均在这一市场上进行融资和股权交易。根据戈登股利增长模型，股票的内在价值 V 为：

$$V=\frac{D}{(1+r)}+\frac{D(1+g)}{(1+r)^2}+\frac{D(1+g)^2}{(1+r)^3}+\cdots \quad (2.1)$$

可以简化为：

$$V=\frac{D}{r-g} \quad (2.2)$$

其中，D 为预期基期每股股息，r 为贴现率，g 为股息增长率。

$$r=r_f+\beta(r_m-r_f) \quad (2.3)$$

根据资本资产定价模型（CAPM），r 为预期回报率，其中 r_m 为市场的预期回报率，r_f 为无风险回报率，β 为系统性风险。资本资产定价模型是现代主流资产定价研究的基础，也是资本市场相关研究的依据。虽然 CAPM 的应用前提是市场有效，而我国资本市场的有效性程度一直存在争议，但是不影响券商在 IPO 过程中将 CAPM 理论作为普遍的参考标准进行定价。侯智杰等（2019）[126]在进行低流动性市场定价差异化研究时，运用了 CAPM 模型作为逻辑起点。本书参考该做法，以式（2.3）作为资本市场上市公司的定价依据。根据资本资产定价模型，利润率为无风险利润与风险溢酬之和。那么，结合式（2.2）和式（2.3），可得：

$$V=\frac{D}{r_f+\beta(r_m-r_f)-g} \quad (2.4)$$

参考徐凯（2018）[52]，假设股票的市值为 P，F 是企业无风险价值（企业质量），F 在 $[u,v]$ 上均匀分布，P 受资本市场的供给和需求影响，一方面，投资者用市场上所有企业的平均价值给市场定价；另一方面，对于投资者的每一次出价，市场上筹资者所能提供的企业的实际价值平均水平 P 为：

$$P = \alpha \overline{F} \quad (2.5)$$

$$\overline{F} = \frac{\frac{1}{v-u}\int_u^p FdF}{\frac{1}{v-u}\int_u^p dF} = \frac{P+u}{2} \quad (2.6)$$

其中，$\alpha>1$，结合公式（2.5）和式（2.6），可得：

$$P = \frac{\alpha u}{2-\alpha} \quad (2.7)$$

由式（2.7）可知 $\alpha \in (1,2)$，当 $P>V$ 时，投资者不会进行投资，仅当 $P \leqslant V$ 时，投资者才会进行投资，即

$$\frac{\alpha u}{2-\alpha} \leqslant \frac{D}{r_f + \beta_A(r_{Am}-r_f)-g} \quad (2.8)$$

由式（2.8）可知，

$$\alpha u \left[r_f + \beta_A(r_{Am}-r_f)-g\right] \leqslant D(2-\alpha) \quad (2.9)$$

$$\beta_A(r_{Am}-r_f) \leqslant \frac{D(2-\alpha)}{\alpha u}+g-r_f$$

$$r_{Am} \leqslant \frac{1}{\beta_A}\left[\frac{D(2-\alpha)}{\alpha u}+g-r_f\right]+r_f \quad (2.10)$$

由式（2.10）可知，资本市场 A 的收益率存在极限，一旦投资者预期收益超出这个范围，投资者将不会对 A 市场进行投资，整个资本市场 A 将无法运作。这就是单层次市场发展的局限，一方面，一旦某只股票的收益超出了整个市场的收益上限，造成市场无法容纳，甚至瘫痪市场的运作体系；另一方面，收益率高即代表风险高，当投资者都关注于高收益低质量的企业时，自然不会将资金投入到高质量低收益企业，即"劣币驱除了良币"，造成了资本市场的逆向选择，同时使得市场风险不断累积增加，最后可能造成市场的崩盘，对整个经济体造成严重打击。

下面，本书构建理论模型描述资本市场分层的帕累托改进过程。假设

一个经济体存在两个资本市场 A 和 B，可以为任何规模和发展阶段的企业进行融资和股权交易，股票的市值为 P，F 是资本市场 B 的企业无风险价值，假设 B 市场的企业无风险价值均小于 A 市场❶，F 在 $[s,u]$ 上均匀分布，P 受资本市场的供给和需求影响：

$$\overline{F}=\frac{\frac{1}{v-u}\int_u^p FdF}{\frac{1}{v-u}\int_u^p dF}=\frac{P+s}{2} \qquad (2.11)$$

由式（2.5）和式（2.11）可得：

$$P=\frac{\alpha s}{2-\alpha} \qquad (2.12)$$

同上，当 $P \leq V$ 时，投资者才会进行投资：

$$\frac{\alpha s}{2-\alpha} \leq \frac{D}{r_f+\beta_B(r_{Bm}-r_f)-g} \qquad (2.13)$$

$$r_{Bm} \leq \frac{1}{\beta_B}\left[\frac{D(2-\alpha)}{\alpha s}+g-r_f\right]+r_f \qquad (2.14)$$

当 $\beta_A \geq \beta_B$ 时，存在

$$\frac{1}{\beta_A}\left[\frac{D(2-\alpha)}{\alpha u}+g-r_f\right]+r_f \quad r_{Bm} \leq \frac{1}{\beta_B}\left[\frac{D(2-\alpha)}{\alpha s}+g-r_f\right]+r_f \qquad (2.15)$$

由式（2.15）可知，在资本市场 B 中，投资者预期收益超出 A 资本市场的收益率上限，但未超出 B 资本市场的收益率上限，投资者仍可以进行投资，整个资本市场仍可以正常运转。当 $\beta_A < \beta_B$ 时，式（2.15）可能成立，即当 s 远远小于 u 时。可以肯定的是如果没有 B 市场，投资者的预期收益超过 A 市场的上限，资本市场会无法运转；但如果存在 B 市场，即使投资者的预期收益超过 A 市场的上限，资本市场还是存在继续运转的可能

---

❶ 资本市场最先出现的一般是主板，之后是二板、三板市场，一般来说主板的公司无风险价值最大，二板次之。

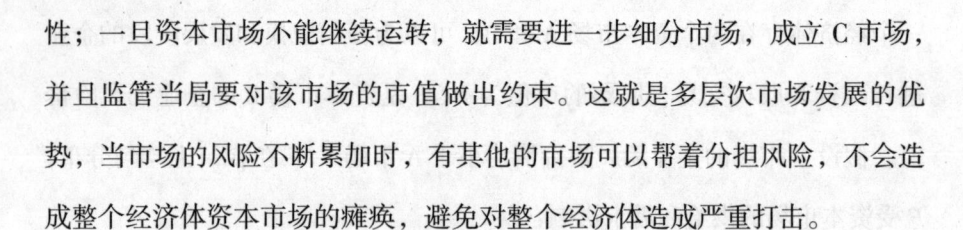

性;一旦资本市场不能继续运转,就需要进一步细分市场,成立 C 市场,并且监管当局要对该市场的市值做出约束。这就是多层次市场发展的优势,当市场的风险不断累加时,有其他的市场可以帮着分担风险,不会造成整个经济体资本市场的瘫痪,避免对整个经济体造成严重打击。

2.2.1.2 基于企业生命周期理论的分析

企业生命周期理论认为,与生物的生长历程相似,企业也需要经历由弱小无力、机制不健全到强大稳健、机制成熟的不断发展的历程。资本市场分层有助于适应处于不同生命周期企业的融资成本与风险,促进企业成长。Greiner(1989)[127]认为处在不同生命周期阶段的企业在规模、组织、经营、财务等方面具有不同特征,因此产生了不同的资本市场需求。孙建强等(2003)[128]认为企业生命周期主要包括种子期、创建期、成长期和成熟期四个阶段。不同规模的企业在不同发展阶段所承担的风险及利用股票市场的制度和信息的成本有所不同。资本市场的分层与高新企业的生命周期密切相关,不同的生命周期适应不同层次的资本市场(彭京华,2001)[129]。邢天才(2003)[130]认为资本市场的分层结构可以适应不同规模企业不同的融资成本和风险,创业板市场的建立对中小企业,尤其是高新技术企业的迅速成长具有极大促进作用。黄伟麟(2014)[131]认为多层次资本市场能够与高新技术企业的生命周期实现良好对接。

(1)种子期

企业生命周期的起点是种子期。由于企业刚刚建立,投入资本较少和生产规模尚未形成,从而造成资产规模小和生产成本较高,而且企业机制如组织机构、管理机制、经营机制等尚未形成或不完善,这会显著增加管理成本,进而导致企业管理混乱。一旦企业遭遇某些风险(如企业资金链断裂），往往会造成企业破产。因此，在种子期，企业会面临较大的存活风险，未来发展前景也不明确。解决种子期企业问题的办法在于需要往企业投入大量的资金，用来吸引高端人才或引进先进技术，不断地提升企业的竞争力、完善企业的管理机制（Rieckhof, 2017）[132]。

（2）创建期

创建期仍是企业发展的初级阶段。经过种子期的探索和发展，创建期的企业已经形成比较明确的发展方向，企业组织结构、管理机制、经营机制初步形成但尚不规范，企业的资本实力尚未形成大的规模，生产规模仍较小。该阶段的企业虽然产品结构单一、产品市场份额有限，但发展潜力巨大，具备不断成长并快速抢占市场份额甚至创造新市场的潜力（尹苗苗等，2014）[133]。企业应该在市场竞争中找准定位和立足点（即企业产品得到的市场认可度），不断开拓自身潜力以获得生存。创建期是企业成长和发展的关键时期，此时的企业风险与机遇并存。企业的资金需求量巨大，需要扩大生产规模，找准市场定位，以扩大市场份额，提升盈利能力（李宏贵等，2017）[134]。

（3）成长期

经过种子期和创建期的发展，企业的组织结构、管理制度、生产经营等已经规范化，处于不断完善的阶段，生产经营也达到一定规模。经过创建期的市场定位探索、产品宣传，企业的品牌效应初步形成，企业业务增多，产品的市场份额逐步扩大，产品销量提高，销售收入升高，企业盈利能力稳步提升，现金流量状况得以改善。成长期企业的管理机制和财务机制仍处于不断完善的过程中，为进一步提高对市场形势的应变能力，企业应进一步扩大规模，促进产品研发进程或提高生产技术，致力于提升产品质量，使产品结构多元化，以增强产品的竞争力，进一步扩大市场份额（黄宏斌等，2016）[135]。

（4）成熟期

当企业跨越成长期、进入成熟期后，已经基本上具备了丰富的资产总量和较大的生产规模，相应机制如组织机构、管理机制、生产经营也已经形成较为成熟的模式。企业主营业务稳定且具有突出优势，品牌效应形成，市场份额较大，得到市场的普遍认可。企业的经营收入稳定，增长速度放缓，经营风险较低，总体现金流稳定，资金需求量下降（张俊瑞等，2009）[136]。此时企业需要维持其核心竞争力，维持其占有的市场份额，巩固其市场地位。

企业的机制设计渐趋完善，但也可能会出现一些弊端（纪玲珑和陈增寿，2015）[137]。当企业的各项规章制度形成且相对稳定时，企业员工可能会趋于保守，若无法随着市场形势、竞争形势的变化而及时调整，可能会出现组织结构冗杂，整体灵活性下降，缺乏创新活力的情况。而市场形势是处于不断变化的，若企业满足现状趋于保守，缺乏创新性、灵活性，企业将失去已有的市场份额，销售能力下降，<u>企业逐渐进入衰亡状态</u>。

面对市场竞争的加剧，企业发展的关键是要保持其创新能力，需不断调整以适应市场发展要求，培养并形成企业精神，时刻关注市场发展动态（Sanger 和 Peterson，1990）[138]。面对市场形势变化，企业应把握蜕变的关键点，不断创新，可更新设备或改造技术以进一步提高产品质量，调研市场需求进行主营业务转换，或开拓发展新的产品领域（Kadlec 和 Mcconnell，1994）[139]。

企业在生命周期里的不同阶段有着不同的自身特征和融资需求，当企业处于不同的发展阶段，其对股票发行和资本市场具体配置的要求具有显著区别。多层次资本市场体系可根据企业在不同的生命周期所呈现出的融资特点，设置不同的上市标准，为不同企业提供上市融资支持，使企业通过资本市场迅速发展壮大，促进经济发展和效率提升。

2.2.1.3 基于金融分工理论的分析

金融分工理论最早是由古典经济学家亚当·斯密（Adam Smith）提出的。他指出，分工带来的专业化这一结果可以助力技术的快速进步，进而产生越来越高的回报。但是，斯密认为，分工的进一步发展需要依靠不断拓宽的市场范围。总而言之，分工既可以被视为经济进步的原因，也是可以作为经济发展的结果，上述因果累积过程反映了收益递增的机制。本部分将基于金融分工理论，从金融系统、资本市场的风险分担机制讨论实现资本市场多维度、多层次发展的必要性。

（1）金融系统的风险分担机制

在金融领域，很难像生产活动那样严格地界定分工水平和专业化程度。对于一个由金融中介机构和金融市场组成的金融体系来说，金融中介机构和金融市场所具备的不同风险分担机制，恰好能够作为金融分工的依据（向静林等，2019）[140]。生活中常常面临的最严峻的难题正是不确定性和风险性，有效的风险分担对经济稳定运行具有重要意义。金融体系的存在恰恰起到了分担风险的作用。通过金融体系，人们不仅可以在不同的投资者之间进行经济风险的分割、捆绑和转移，而且可以分担同一投资者在不同时期的风险，从而实现风险的最优配置（张宏丽，2005）[141]。目前金融系统的风险分担机制主要分为两种形式，一种是由资本市场所提供的横向风险分担（李佳，2015）[142]，另一种是由银行所提供的纵向跨期风险分担（Erdinç 等，2019）[143]。一般来说，在一个由银行中介机构和资本市场合理比例组成的金融体系中，充分发挥风险分担功能，可以使整个经济体系的风险配置更加合理，从而提高经济体系的运行效率和稳定性。换言之，一个由银行中介和资本市场借助某种方式进行合理分工，在此基础上形成的金融体系，因为可以充分利用这两种风险分担机制，金融体系往往十分稳定。现实生活中，虽然许多国家的银行中介机构和资本市场共同承担风险分担的任务，但可以发现，前述内容并非金融分工理论的全部内容，事实上，与银行中介机构相比，资本市场在新技术融资中具有独特的分工优势，这同样也是金融分工理论的重要组成部分（Tabeta，1999）[144]。

（2）资本市场的风险分担机制

在高新技术行业，当新技术出现后，盈利情况难以获悉，所以新技术的落地和新兴产业的推广具有很高的不确定性，失败的概率很高。因此，大众对一种新技术的发展、应用和前景往往会有截然不同的看法。资本市场中的资金持有者直接面对投资风险，可以根据自己对新技术的理解和认知，自主地进行投资决策。在这种情况下，资本市场可以表达不同投资者的不同意见，投资者可以充分利用资本市场的横向风险分担机制，分散这些新技术的高风险，由于每个投资者对一个新技术项目的投资份额很小，即使失败也可以消化风险（Rüdisser et al., 2017）[145]。在这一过程中，资本市场横向风险分担机制的优点得到了充分体现。

此外，资本市场在高新技术产业和战略性新兴产业融资方面具有较好的分工优势，其横向风险分担机制能够将行业的高风险分散到不同的投资者之间，为需要资金但前景不确定的行业提供资金，增强经济活力，切实推动经济转型升级。

因此，金融分工的需要，资本市场实现不同主体间横向风险分担的需要，不同主体的差异化需求和经济持续升级带来的技术进步需求，必然决定资本市场多维度、多层次的发展，保障金融体系的稳定和资本形成能力的发挥，支持新经济、新产业的发展，为经济和产业的持续发展提供融资支持。

2.2.2 分层动因

2.2.2.1 提升市场声誉价值

"声誉假说"是外国学者在研究资本市场分层动因时提出的一系列理论。Chemmanur 和 Fulghieri（2006）[146]研究认为，资本市场面临着在声誉价值和预期现金流价值之间的取舍问题。市场准入标准会极大地影响这两者间的平衡，产生一种此消彼长的现象。因而创建新的市场分层可以作为修改市场准入标准的一种替代方案，从而实现在平衡声誉价值和预期现金流价值的同时也可以增加两者的总和，为市场带来更高的收益。

以上述研究为基础，Broom（2013）[147]提出了一种基于不同资本市场间竞争的"声誉假说"来解释 NASDAQ 市场分层的动机和起因。当资本市场引入一个较低的资本市场分层时，如图 2-1 所示，其可以将自己的总体最优准入标准下移，进而获得更多的挂牌费用和预期现金流，但同时又可以维持其较好的声誉，进而使其市场的总价值由 G 上升至 H，提升其对高成长性企业的吸引力。

当资本市场引入一个较高的资本市场分层时，如图 2-2 所示，其可以将自己的总体最优准入标准上移进而获得更高的市场声誉，但同时又可以维持其相对较高的挂牌费用，进而使其市场的总价值由 G 上升至 H，提升其对成熟企业的吸引力。

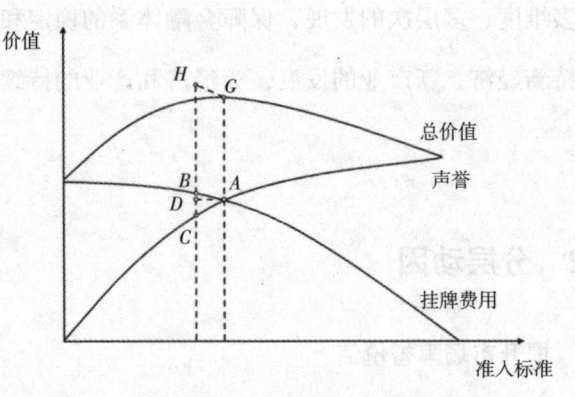

图 2-1　最优市场准入标准（含低分层市场）

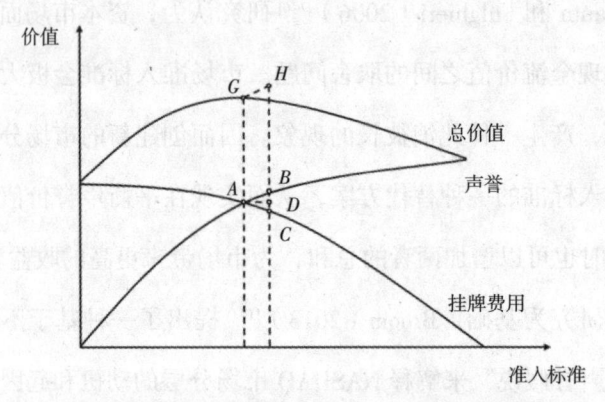

图 2-2　最优市场准入标准（含高分层市场）

基于"声誉假说"的角度，资本市场进行分层可以使其调整最佳市场准入标准，获得额外的声誉或挂牌费用，进而提升其资本市场的总价值。因此，新三板分层可能因声誉效应进而获得更高的市场总价值，从而提升创新层的整体流动性。

2.2.2.2　提高资本市场的均衡水平

我国原有的资本市场结构难以解决中小企业的融资难问题，因此，借鉴发达资本市场体系的发展经验并结合中国资本市场的实际发展情况，建立适应中小企业特点和满足中小企业融资需求的中国特色资本市场是现实所趋。徐凯（2018）[52]利用不完全信息条件下的分离均衡模型分析证明，单层次扩容的资本市场发展路径并不具有现实可行性，资本市场的分层细化可以实现不同类型企业的分离均衡，是一种典型的帕累托改进。因此，本书认为相较于拓展和改革原有市场，通过对资本市场分层，在既有市场之外构建新市场更能解决和制约市场融资供给问题。

单层次资本市场的均衡点由该市场中企业实际质量（投资价值）的最低值与投资者的风险偏好系数共同决定，而与企业实际质量的最高值无关。换言之，市场中优质企业数量的增加（减少）不会提高（降低）市场的均衡价格或增加（减少）市场的均衡交易量。而在实际情况中，资本市场的信息不对称问题会挤出优质企业，留下实际价值较低的企业，市场的企业往低质方向扩容，从而将均衡价格与均衡交易量进一步拉低，市场整体价值水平降低，制约了整个资本市场的发展。因此，大幅扩容门槛较高的单层次市场只会降低资本市场均衡水平从而恶化整体质量，在解决我国中小企业融资困难问题上并不具可行性。

而在多层次资本市场中，监管者往往通过对市场中的企业规模、盈利等代表自身质量特征的指标进行筛选来达到分层的目的。这种监管机制不仅有助于提高投资者的投资信心，也能为投资者有效辨识企业质量和投资价值提供很好的参考，实现有效的分离均衡。理论上讲，资本市场的层次越多，越有助于消除信息不对称的影响，即在足够细分化的资本市场体系中，企业基本能实现融资交易剩余的最大化。此外，多层次资本市场中的优质企业可以从低层次市场进入上一层次市场，低质企业可以退回下一层次市场，并且在各个层次之间都会有一个均衡点，有助于更多的企业获得融资机会，市场整体质量提高，整体结构得到优化。但是，监管者的有限性及分层过多带来的成本问题使资本市场的分层并非越细致越好，而是应该在一定程度上通过建立新市场、市场分层来扩大市场，进而为企业提供更多融资机会，优化市场结构（曾珠，2018）[148]。

因此，我们选择构建多层次市场作为资本市场的发展路径，从宏观上看，相较于原有的市场体系，资本市场的分层细化有助于增进市场整体效率，是一种典型的帕累托改进。从市场体系的微观角度来看，各层次的市场企业类型、发展阶段、盈利能力和规模各不相同，融资需求和发展空间需求也不相同，因此多层次资本市场的各层次之间可以相互补充，相互促进。

2.2.2.3 提升资本市场效率

资本市场效率主要通过提升资本市场监管效率和上市企业的股权融资效率来驱动资本市场分层的。

（1）提升资本市场监管效率

多层次资本市场有助于缓解资本市场的信息不对称问题，优化监管资源配置，帮助不同发展层次的公司获得适合自己的发展空间，提升资本市场监管效率。

单一的主板市场不能满足企业发展与民间投资的需要，于是民间融资会大量涌现，而民间融资缺乏特定的法律约束和部门监管，容易出现资金暗流。非法融资扰乱了正常的金融秩序，而游离于监管之外且处在灰色地带的融资又会对资本市场造成冲击，这些都不利于金融业的健康发展，潜藏金融风险。民间融资会使大量资金游离于银行体制之外，而投资者的信息获取能力有限，这不仅不利于银行的健康发展，而且也会给投资者带来较大的投资风险。因此，单层次资本市场蕴藏了较高的金融风险。

单层次市场下，部分筹资者甚至会通过造假的方式取得主板市场上市资格，监管部门为防止该现象会加强监管力度，从而承担过多压力和责任。而多层次资本市场使各融资活动处于监管视野，降低投资风险，保护投资者权益，提高监管效率。多层次资本市场能够满足筹资者多样化的资金需求，筹资者可以找到适合自己的市场层次，各就其位，减少虚假信息和投资者投资风险，监管部门也能针对不同层次的市场提出不同的监管要求，这对降低监管成本，促进企业健康成长和协调发展有着非常积极的作用。

资本市场的分层细化可以部分缓解资本市场的信息不对称问题。通过将资本市场分为多个层次，先独立出不同风险程度的市场，再在各个独立的市场中分别放入具有不同风险收益特征的股票，以供不同风险偏好和风险承受能力的投资者进行市场选择。市场的分层也是对风险的分层，将市场按企业规模、盈利等因素进行细分，可以减少监管成本，提出更有针对性的市场治理措施。政府导向的限制风险监管原则在多层次资本市场得到充分体现，这对监管效率的提高具有重大的意义。

当前，上市、挂牌公司数量激增，为监管层的监管带来极大的挑战，监管的成本也大幅上升。每年新挂牌、上市的公司都在一定程度上稀释监管力度。监管制度急需健全，这就需要在坚持市场化和法制化的方向下，提高披露信息的要求。资本市场的分层制度有助于改善监管资源有限的状况，不同的准入门槛形成企业筛选机制，设置差异化的上市标准、运行监管制度、监管标准和披露机制，分工合理，竞争有序。对于处于成长阶段

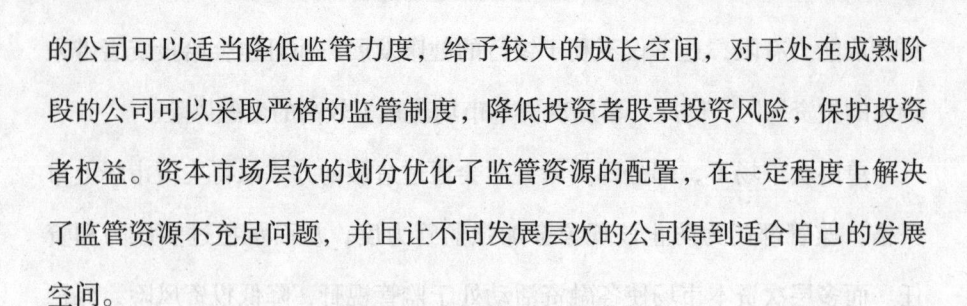

的公司可以适当降低监管力度，给予较大的成长空间，对于处在成熟阶段的公司可以采取严格的监管制度，降低投资者股票投资风险，保护投资者权益。资本市场层次的划分优化了监管资源的配置，在一定程度上解决了监管资源不充足问题，并且让不同发展层次的公司得到适合自己的发展空间。

（2）提升上市企业的股权融资效率

多层次资本市场不但层次分明，而且层次之间彼此关联，层层递进，有利于筛选优质企业，合理配置市场资源，提高资本市场效率。多层次资本市场的各个层次在准入门槛、信息披露要求、监管要求、交易机制和交易费用管理方式等方面的差异形成了准入企业的筛选机制。这一机制有助于那些真正具有创新能力的企业能够快速得到所需的资本支持，而缺乏竞争力的企业无法获得资本，最终被市场淘汰。各层次资本市场之间的转板制度和严格的退市制度不仅加强了不同层次资本市场之间的联系，满足了不同企业的融资需求，而且通过优胜劣汰的方式保证了资本市场各层次的企业质量，优化了资源配置，从而起到提高整体市场效率和质量的作用。

资本市场中各层次的企业均有自身发展的内在需求和市场运营需要，但最终目的都是融资。多层次资本市场能够为企业股权融资提供层次化的多元选择。企业可以根据自身需求和特点选择适合自身发展的资本市场层次，并且拥有进入各层次市场的自由选择权，这极大地发挥了市场优化配置资源的作用，不同层次的资本市场相互合作、相互补充，便利了企业在多资本市场各层次的变动和资金流动。多层次资本市场形成的有机整体，能够推动资金在禀赋各异的企业间分配和流动，促进资源的高效利用。通过市场细分，资本市场将融资需求和投资需求相同的群体划分到同一个层次中去，有效地降低了市场搜寻成本，有利于撮合交易。

中小型科技企业受自身规模和经营的限制，一直存在着融资困难的问题，它们处于成长初期阶段，自身资产较少、积累有限，无法满足传统的融资要求。若将这些企业放到市场中去与成熟的大中型企业竞争，其竞争力明显较弱，投资者难以辨别各中小型企业实力，会选择更为稳定可靠的大中型企业而放弃这些中小企业，中小型科技企业就很难获取股权融资，而大中型成熟企业股权融资有融资富余，造成社会资源浪费，配置效率低下，这会给一个国家产业结构的升级和经济的持续稳定发展带来消极影响。将资本市场进行分层后，中小型企业与成熟企业分别进入到资本市场的不同层次中，其竞争对手也变为与之相当的中小型或大型企业，不同风险偏好的投资者会选择不同层次的资本市场，各层次的企业总体差距不大，投资者分析比较同一层次各企业的竞争实力与发展潜力后进行股权融资，提高资金融入效率和资金使用效率，使股权融资呈现高效率状态。

2.2.2.4 资本市场拓展的需要

资本市场主要是为投资者和融资者提供服务，它不仅需要满足不同风险偏好的投资者的投资需求，还要满足规模、质量、盈利与风险程度不同的融资者的融资需求，这也是资本市场需要拓展，形成多层次格局的内在要求和历史必然。关于资本市场分层发展动因中的资本市场拓展需要，主要从以下三个角度展开解释：投资者（投资主体）的需求多样化、企业（融资主体）的需求差异化，以及为投资方和融资方提供交易场所的交易所内部分层推动。

（1）从交易所的角度分析

构建资本市场多层次制度是资本市场发展的必然趋势和最终要求，它并不是单纯的理论界的猜想，也不是决策层的主观愿望。交易所是某种信息及物品等进行交易的信息平台，有其固定的组织场所，居于资本市场的核心地位。我国的交易所包括上海证券交易所、深圳证券交易所、郑州商品交易所、上海期货交易所等。

交易所内部也存在着分层的状况，究其起源，是在二十世纪六七十年代，市场竞争日趋激烈，各交易所为了宣传和营销自己，更好地满足投资者与企业所需，对市场进行细分。海外交易所分层的实践表明，内部分层是交易所发展的必然趋势和重要特征，驱动交易所分层的主要因素是市场竞争格局与投资者结构的不断变化。分层后的交易所可以更好地实现资源优化配置，扩大对企业的覆盖面，容纳吸收更多中介机构与投资者，在激烈的市场竞争中保持自己独特的优势，整个市场也在此过程中不断优化升级。在同一交易所内部发展一个相对独立的中小企业市场，是交易所内部分层的主要表现形式。随着交易所内部的分层进行，资本市场分层进程也在快速推进。

交易所作为金融服务业的一种，与其他行业一样面临着市场竞争与拓展，其核心竞争力主要体现在挖掘上市公司资源的能力上。成熟的大型企业数量毕竟有限，上市资源开发已相当深入，出于拓展市场的目的，深度挖掘中小上市企业成为必然趋势。就我国资本市场而言，单一层次、单一标准的资本市场即最初的主板市场多是数量有限的成熟企业，对交易所来说已经失去了挖掘潜力，而主板市场没有办法容纳太多处于发展初期的企业，于是，交易所更加呼唤资本市场分层制度的出现，为规模较小、发展不够成熟或者是不能在主板上市的企业提供融资场所。因此，我国在主板市场之外发展了创业板市场、新三板市场（场外交易市场）及四板市场

（区域性场外市场）。交易所分层制度的构建推动着资本市场分层制度的构建与完善。

对资本市场而言，流动性指证券销售变现的快慢，曾作为资本市场建立的目标，重要性不言而喻，它主要包括交易速度和按现价成交能力两方面的要素（Datar et al., 1998）[149]。流动性好的资本市场对价格反应灵敏，而对于低流动性资本市场，投资者买卖股票时会把价格压低或抬高，减少投资收益。为上市企业提供股票的流动性是资本市场的基本职能，如果资本市场缺乏流动性，那么上市企业就会良莠不齐，投资者不但难以辨别、无法区分，而且筛选所需的时间精力及金钱成本过高，导致投资者不再愿意积极投资，最终整个市场丧失流动性，基本职能枯竭。为了扩大其流动性，将上市企业进行分层，将高质量与低质量、成熟型与成长型、高风险与低风险、高收益与低收益的企业分离到不同的层次中去，便于投资者筛选心仪的投资目标。

（2）从投资者角度分析

所谓投资者，是指通过投入现金的方式来购买某种资产以期获取利润的自然人和法人，也就是我们通常所说的股东。资本市场的投资者从不同的角度分析有多种不同的分类方式。《证券公司投资者适当性制度指引》中从投资者的专业程度角度将投资者分为普通投资者和专业投资者，并明确给出了专业投资者的范围，我们大部分群众属于普通投资者。如果从组织方式来看，投资者可分为机构投资者和个人投资者。如果从风险偏好的角度来看，投资者类型可以划分为风险厌恶者、风险中性者、风险偏好者三类。各种各样的投资者有着各自多样化的需求，这正是促使资本市场上买卖交易达成的原因。

机构投资者具有丰富的投资经验，掌握大量的投资信息。多样的投资组合使这些投资者可以选择风险小质量高的蓝筹股，而足够的资本和较强的风险承担能力也可以支持其选择风险高收益大的风险投资。个人投资者与之相比就势单力薄了许多，没有具备专业知识的团队，没有丰富的获取信息的渠道，资金不充沛等均导致其较差的风险承担能力，因此，个人投资者在资本市场进行交易时选择更为谨慎，更倾向于选择低风险、大规模、发展状况好、稳定成熟的企业进行投资。在这种情况下，有不同投资需求的投资者可以对不同层次的资本市场进行选择。

投资者差异化的风险偏好程度也是要求市场分层的必然原因。在理想的各种风险收益组合中，低风险高收益的资本市场无疑是最受欢迎的选择，各投资者争相抢夺该市场，而高风险低收益市场必然是最不受欢迎的，无人问津。但在这种持续条件下，过多投资者的涌入最终降低了高收益低风险市场的收益率，使其转变为低收益低风险市场；而无人问津的高风险低收益市场为吸引投资，只好提高收益率变身为高风险高收益市场。因此，最终的资本市场风险收益组合只剩下两种状态：高风险高收益组合与低风险低收益组合，资本与收益呈正向相关关系。此时，风险偏好型投资者就会选择其中的高风险高收益组合，而风险厌恶型投资者就会规避风险，选择进入低风险低收益市场。此时的风险中性型投资者主要考虑的是收益情况，差异化的投资者对资本市场分层提出了买方需求（Zou et al., 2019）[150]。

不同类型投资者由于各自条件（如目标收益、资金规模、风险承受能力等）的不同，其投资的风险偏好与投资习惯也各不相同，而多层次资本市场可根据风险性、流动性及成长性的不同对公司予以划分，它的存在满足了不同风险偏好的投资需求：不同投资者可以选择不同层次的公司股票进行投资。风险厌恶者选择收益相对稳定的市场（即投资低风险低收益产品），风险偏好者则进入具有较高投机性的市场（即选择高风险高收益的产品）。上市门槛与信息披露要求的不同使多层次资本市场拥有层次分明的分类和交易场所区分。以大陆为例，分为场外交易所和场内交易所，其中主板、中小板、创业板、新三板为场内交易所，一些区域性场外交易市场为场外交易所。其中，主板的风险程度最小，其他交易所的风险程度依次递增。多层次的资本市场为不同需求的投资者提供了差异化的选择，以满足其多样化的需求，并且有助于帮助投资者快速准确筛选投资对象，提高风险识别能力，其作为一种新的筛选投资标的方式，降低了投资成本与投资风险，提高了投资者的投资精度。

（3）从企业角度分析

企业融资是资本市场的主要功能之一。对类别不同、规模不同、处在不同发展阶段的企业来说，所需求的资本市场也是不同的。就算对同一企业来说，由于其处在生命周期的不同阶段，其融资需求也有所不同，多层次资本市场应运而生。

规模较小的中小企业由于处于成长初期，其经营与组织结构尚不完善，未来经营业绩不确定性仍较高，难以带来稳定的预期收益，因此，这类企业往往适合在上市要求不高，披露信息等规范要求不多的资本市场层融资。而处于成长后期、发展较为成熟的大中型企业规模较大，具有完善的公司组织结构，经营稳健、业绩稳定、风险较小、盈利较多，对投资者具有较强的吸引力，因此，这类企业往往适合在财务标准更高、信息披露制度更严格的资本市场层融资。同时，大中型企业对分层制度有更高的诉求,一方面希望通过资本市场分层得到合理估值,使股票具有良好流动性;另一方面也希望通过分层与规模较小、处在发展初期的中小型企业区别开来以获得更高质量的投资者和合作者的关注。由于多层资本市场不同层次的融资能力、发展空间、规范要求的严格程度等不同,所以各个企业在其成长发展过程中在资本市场的层次不是固定不变的,而是随着其发展程度在各层次之间变动的。由于较低资本市场层次的融资能力和发展空间相对有限,当企业在低层次的资本市场中取得了较大的发展(比如经营规模得到扩大,结构组织和盈利能力得到大幅提升)并且达到更高层次资本市场的准入门槛时,可以申请转板。相反,如果企业在当前所处层次的资本市场中并没有得到很好的发展与进步(比如经营状况倒退和盈利下滑),甚至出现产品不符合市场需求的状况,则可以倒退进入更低层次的资本市场。

不同企业之间在规模、风险、所处成长阶段等方面存在明显的差异,若从阶段来看,处于不同成长阶段的企业群体之间分层明显,易于区分。不同企业群体融资需求规模与方式的差异性是多层次资本市场存在的内推动力。因此,单一层次的资本市场无法满足要求,从企业的经营规模、发展阶段和融资需求角度出发考虑,建立多层次资本市场是多种企业共存的必然趋势。众多企业存在于各个层次的资本市场中,而反过来,发展多层次市场为各个层次的企业提供融资平台。

2.3 小结

本章首先介绍了多层次资本市场的内涵；其次分析了资本市场分层的动机，讨论了单层次资本市场的不足及对单层次资本市场进行简单扩容的固有弊端，并详细论证了对单层次资本市场进行分层具有的帕累托改进效果；同时以企业生命周期理论、金融分工理论等资本市场分层理论为基础，从多个角度分析了对资本市场分层的必要性；最后分别从声誉价值、市场均衡水平、资本市场效率和资本市场拓展等方面探讨了驱动资本市场分层发展的内在动因。只有建立多层次的资本市场，才能满足资本市场上不同投资主体与融资主体的差异化需求，合理配置整个经济体系的风险，提高经济体系的运行效率和稳定性，为经济和产业的持续发展提供融资支持。

第3章　新三板市场分层现状的比较分析

本章将分别分析新三板市场、美国 NASDQ 市场和台湾柜买中心发展情况，并从流动性要求、经营业绩要求和投资者结构三个角度将三个相似市场进行比较，着重分析纳斯达克市场和台湾柜买中心分层发展的成功经验及其多层次资本市场格局形成的演进逻辑，为新三板市场的分层发展提供相关参考。

3.1 中国资本市场的分层现状

上章我们分析了发展多层次资本市场的必要性，多层次资本市场是向处于不同发展阶段、具有不同投融资需求的企业提供差异化筹资平台的体系，投资主体的差异性决定了资本市场的多层次特性。我国现有的多层次资本市场体系是由主板、科创板、创业板、新三板和区域股权交易市场构成的，其中前四者属于交易所市场，最后一类属于场外市场。

处于不同层次的资本市场都有相对明确的预期定位。主板市场由上交所和深交所组成，它是处于资本市场顶端的体系。该市场对发行人的股本数量、盈利能力及营业周期等多方面要求较为严格，所以在主板市场的上市企业皆为市场占有率高且成熟的企业。科创板市场则是独立于主板市场的一个单独板块，其发行条件也较为严苛，主要针对那些服务于国家战略需求，处于成长期，规模较小的拥有核心高新技术的企业，在科创板上市的主要是信息技术领域、新材料、新能源领域及生物医药等高精尖领域的企业。

创业板市场则是为高新技术产业的公司提供融资渠道的一个方式，因此,更注重上市公司的发展前景,所以对其发行上市的门槛要求相对较低,由此带来的是投资的高风险。很多创业板企业为了尽快融到资金,一味地提高发行价,相对于主板、中小板市场,创业板平均市盈率过高。此外,创业板市场的超募率也相对比较高,说明该市场存在一定泡沫。创业板与主板的差异在于,它是为创新时代而设立,偏向于那些成长速度快的高科技新兴企业。

新三板则是非上市公众公司股权公开转让的证交所。它是中小微企业的股权交易平台,服务对象为成长初期的高科技企业,分为基础层、创新层和精选层。区域股权交易市场则由各省政府设立,目标明确,为各地区企业提供融资渠道和股权转让的途径,只定位于该区域内缺少运行资金的企业,融资方式以直接融资为主。如今全国区域性股权交易市场已基本覆盖各个省市,只有极少数偏远地区未设立。相较而言,该市场进入门槛低,具有较强大的融资能力,因此,它给中小企业提供了机遇,刺激了民间资本的流动。截至2019年11月,全国区域性股权交易市场中排名前三的广州、甘肃、广东三地的股权交易中心融资总额分别达到了2031.37亿元、1643.26亿元、1131.4亿元。然而,各地区间由于缺乏统一的制度管理,存在信息滞后,沟通不畅等不足。由于服务范围过小,各区域性股权交易市场的交易额普遍较低。

我国多层次资本市场成立已三十余载,我国的多层次资本市场格局形成的内在逻辑主要有以下三个方面:第一,借鉴西方发达资本市场的分层经验。我国资本市场的形成是在充分参考西方成熟资本市场的基础上,由政府主导,本着"问题导向"的原则,由上而下地逐次创设各层级的市场。第二,满足各类型企业的融资需求。资本市场的一个基本功能是为实体经济服务。在我国资本市场发展过程中，始终以服务于实体经济、满足各级各类企业融资需求为目标进行资本市场的分层改革和完善。第三，我国多层次资本市场是一个相互补充、相互衔接、互为竞争的资本市场体系。不管是主板、创业板、中小板和新三板，还是新三板内部的精选层、创新层和基础层，彼此之间都体现了这种关系，共同形成了我国现在较为完善的资本市场体系。

3.2 新三板市场发展现状分析

新三板市场，即全国中小企业股份转让系统，是经国务院批准成立的全国性证券交易场所。从试点到全国推广，回顾新三板过去发展的十多年，其发展主要经历了四个阶段。

第一阶段：中关村试点。2006年1月16日，国务院批准开展中关村科技园区非上市公司股份报价转让试点工作，标志着新三板资本市场的诞生。一周后，世纪瑞尔、中科软两家公司正式在新三板市场挂牌，成为新三板首批挂牌公司。

第二阶段：扩大试点。2012年5月，本着"总体规划、稳步推进、稳妥实施"的原则，经过中关村科技园区的非上市股份有限公司股份转让的试点，证监会正式对全国性场外市场的启动进行筹办工作。同年7月，国务院正式批准设立新三板市场，新增武汉东湖、上海张江及天津滨海三家高新技术园区作为新增的上市股份公司股份转让试点，这是除原来仅有的中关村科技园区以外的新试点。同年9月，在国家工商总局新三板正式完成登记注册，纳入了原代办股份转让系统和报价转让系统挂牌的公司，并在北京举行了扩大的非上市股份公司股份转让试点合作备忘录签署暨首批企业挂牌仪式，首批八家企业挂牌进入新三板并进行股份报价转让。

第三阶段：新三板正式成立。2013年1月，新三板正式揭牌运营。同年6月，国务院常务会议决定要加快发展我国的多层次资本市场，将新三板试点扩大到全国创新型、创业型中小企业。同年12月，国务院印发《关于全国中小企业股份转让系统有关问题的决定》（国发〔2013〕49号）文件，这标志着新三板正式向全国推广。2014年年初，新三板挂牌企业数量急剧上升，二百余家企业集中挂牌，这距离全国中小企业股份转让系统有限责任公司成立仅仅过去一年。五个月过后，新三板市场上的企业数量便突破千家，与此同时出现了第一家被移出的公司"ST羊业"。同年8月，确立了新三板的交易制度，做市商制度，更加刺激了新三板的发展。2015年7月31日，证监会颁布的《场外证券业务备案管理办法》明确定义："场外证券业务指的是在上海、深圳证券交易所、期货交易所以及新三板以外开展的证券业务。"至此，新三板正式成为与中小板和创业板并驾齐驱的场内交易市场。

第四阶段：新三板分层。2015年11月底，新三板发布了《全国股转系统挂牌公司分层方案（征求意见稿）》。2016年5月，《全国中小企业股份转让系统挂牌公司分层管理办法（试行）》的公告发布，标志着我国新三板分层制度的正式实施，该管理办法将资本市场划分为两类，分别为基础层和创新层。《管理办法》就创新层和基础层对应的准入标准、维持标准和调整机制做了详细规定，并实现分类服务、分层管理，"多个层次、分步进行"。新三板也由此进入了新的发展阶段。其中，基础层只有准入标准，而创新层除了有准入标准外还增添了维持标准。准入标准是指该挂牌公司首次进入新三板创新层时必须符合强制性要求的标准，维持标准指的是进入创新层的挂牌企业在该层需要持续保持在准入标准之上，达不到标准就会被调整到基础层。具体来说，进入创新层共有3套准入标准，满足这3套中的任意一套标准，该挂牌公司就可进入创新层。创新层以财务指标为主，其他指标为辅作为准入标准，且每套标准对财务指标的侧重各有所不同。第一套以"净利润+净资产收益率+股本总额"为挂牌企业进入创新层的准入标准，侧重于考察该挂牌公司的盈利能力；第二套以"营业收入复合增长率+营业收入水平+股本总额"为挂牌企业进入创新层的准入标准，侧重于考察该挂牌公司的成长型水平；第三套以"市值+股本总额+做市商家数"为挂牌企业进入创新层的准入标准，侧重于考察该挂牌公司的市场认可度。到2016年年底，新三板挂牌企业总数达10163家，有953家企业进入创新层，占总挂牌企业数量的9.4%。

2017年5月，新三板实施第二次分层，有325家企业从创新层调出，765家企业新进入到创新层，创新层的企业数量达到1393家，较上一年增长440家。但是，两次新三板分层中存在很多问题。在创新层准入条件上，一些财务标准设定不合理，致使一些优质公司不能进入创新层，一些进入创新层的企业经营反而不佳。从创新层维持条件看，偏重财务指标或做市市值，这会导致创新层公司大进大出，进而引发监管漏洞。为了解决这些问题，2017年12月，依照中国证监会关于新三板市场改革发展的工作部署，全国股转公司发布了新版《挂牌公司分层管理办法》。该管理办法决定予以保留2015年的分层模式，在此基础上优化了分层制度。对挂牌公司的经营水平、营业收入、股本规模等方面做出详尽规定，进一步确立了利用资本市场支持经济发展的要求。具体来说，主要调整了两个方面：一方面是对创新层的进入、退出条件、维持标准进行了调整，降低了对企业盈利性的要求，扩大创新层覆盖面；提高了营业收入的标准，提升创新层企业质量。更改维持标准为挂牌公司基本财务正常和无违法违规操作。另一方面，对创新层企业信息披露提出更高标准。截至2017年年底，在新三板进行挂牌的企业总数为11630家，其中，创新层公司数目占挂牌公司总数的12%。

2018年5月，全国股转系统根据2017年修订《分层管理办法》，正式启动了新三板市场的第三次市场分层调整工作，有939家企业进入创新层。由于新三板企业业绩表现不稳定，新的分层标准提高了对流动性指标的要求，此次分层创新层企业数量出现较大幅度下降。但是，此次入选创新层的公司总体财务健康状况要优于之前，这主要是由于新标准对企业盈利的稳定性和企业规模做出了规定。整体来看，此时的分层标准依旧主要依靠财务指标等企业的基本面去分层，这样的单一分层标准很可能将那些有潜力的中小挂牌公司排除在创新层之外，不能够筛选出达不到创新层准入标准却具有巨大发展潜力的公司，为新三板分层监管增添了难度，在对信息的搜集、目标的选择等方面，也加大了投资者投资的难度。仅对比2016年年底到2019年年底的数据可知，在新三板挂牌的公司总数从2016年年底的10163家到2019年年底的8953家，减少1210家，其中挂牌企业基础层减少925家，挂牌企业创新层减少285家，创新层挂牌企业同比下降约为1.92个百分点，说明我国的新三板分层管理制度需要继续改革。

2019年12月，新三板开始着手实行重大改革。同年12月17日，股转系统发布公告修订分层管理办法,并更名为《全国中小企业股份转让系统分层管理办法》,颁布并开始实行,开始全面改革新三板,为新三板注入动力并带来发展机遇。此次分层办法的修订,是在深化新三板改革大背景下的一项枢纽型制度安排。新的分层管理办法中将进入创新层标准细分为存量公司进入标准和增量公司进入标准。所谓存量公司,指已经在新三板挂牌的公司;增量公司为申请在新三板挂牌的公司。存量公司进入创新层的标准与之前2017年版的相似,财务指标依旧是"(3选1)+5",即三套财务标准中满足其中之一,同时满足五条公司治理标准,额外新增负面清单,即公司申请挂牌前一年年末净资产不得为负。增量公司要想进入创新层,需要完成挂牌,并且进行定发股票。如果公司在创新层连续挂满十二个月,就能申请公开发行,升层为精选层。精选层准入条件为"(4选1)+5",即四套财务标准中满足其中之一,同时满足五条公司治理合规标准。在精选层的公司若满足上市条件,可以直接申请转板,而不必像之前一样先从新三板退出再重新申请IPO。此外,新的分层管理办法规定层级调整不仅有定期调整,还有及时调整。2020年7月27日,新三板市场精选层的设立并开市交易,标志着新三板正式形成以基础层、创新层、精选层三层次市场结构(见图3-1)。到2020年年底在新三板挂牌的公司有8187家,其中1138家公司进入创新层,41家进入精选层。

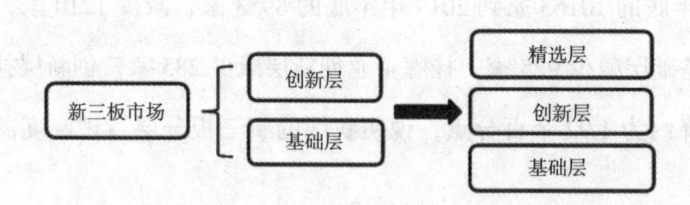

图 3-1 新三板市场分层

3.3 美国 NASDQ 市场发展现状分析

美国资本市场的分层最主要的原因在于自工业革命后的经济快速增长和企业的生命周期不同。在工业革命以前全球经济都以非常低的速度增长，并且长期变化不大。工业革命后，大量企业诞生，它们之间所在的生命周期是不同的，所以分层次也是必要的。同时，随着信息时代的到来，大量企业的价值发生了翻天覆地的变化，尤其是大量出现的高新技术产业和互联网企业，与传统企业在市值、成长性方面存在着显著的差异，互联网企业与传统企业的异质性，以及时代和企业的发展逼迫金融市场不得不分层，这也是市场的必然选择。

美国纳斯达克市场经过 50 年的发展，已经成为与纽交所、美国证券交易所并列的美国三大证券交易所之一。经过不断改革发展，其建立了三层级的市场结构，分别是纳斯达克精选市场、全球市场和资本市场。纳斯达克现已将自己定位为一个为创新型公司提供融资渠道的国际化市场，吸引了来自世界各地的杰出企业（尤其是科技型企业）进入市场。纳斯达克市场的分层发展经过以下三个阶段。

第一阶段：成立 NASDAQ 市场。由于受到美国证券交易委员会的严密监管，纽交所的交易量在罗斯福新政之后不断下降，当纽交所的投资吸引力越来越弱时，投资者便更多地把资金投资在美国政府债券市场、OTC 市场及加拿大的股票市场等（Blau et al., 2011）[151]。随着监管条例的日益严厉，纽交所也越来越依赖于大公司发行的股票，而其在新成立的公司、小公司股票市场，尤其是快速发展的互联网和高技术股票市场，几乎没有优势可言，这就给纳斯达克的创立提供了机会。

纳斯达克成立于 1971 年。1971 年 2 月，美国证券交易协会建立世界上第一个电子报价系统，即纳斯达克自动报价系统，为场外市场上的优质股票提供交易平台，对场外市场交易进行规范管理。NASDAQ 市场对财务指标的要求是总资产达到 100 万美元，资本公积 50 万美元。流动性方面，要求有至少 300 个股东，公众持有 100 万股股票，最少有两家做市商。但此时 NASDAQ 的上市标准并没有与 OTC 市场清晰地区别开，而且在刚成立的十年间，其市场交易量极低（Atje & Jovanovic, 1993）[152]。

第二阶段：NASDAQ 市场第一次分层。1980 年，苹果公司在 NASDAQ 上市，短时间内创造的财富效应让市场知名度大幅提高。1982 年，为进一步提高市场报价速度，降低产生的交易成本，纳斯达克市场开发了纳斯达克全国市场系统（NMS 系统），同时美国证券交易协会调整了 1971 年设置的上市标准，并提出了一套相对更高的上市标准，即全国市场的挂牌标准，创新性地制定了两种标准，第一种带有强制性，凡符合条件就必须进入全国市场；第二种则是自愿性的，若符合自愿标准均可自愿申请，进入到较高层次，若不申请，则可以继续留在较低层次中。当时包括苹果公司在内的部分高科技公司市值及交易在整个市场中占了相当大的比重，形成了事实上的分层（Cowan et al., 1992）[153]。规模大、交易活跃的顶尖上市企业组成纳斯达克全国市场，其他的企业则组成了纳斯达克常规市场。管理层进而将这些企业单独划分成立纳斯达克全国市场，其余的为纳斯达克常规市场，这是纳斯达克的第一次分层。

1992年，纳斯达克常规市场更名为小型资本市场。纳斯达克进入两层次市场阶段。小型资本市场主要是为新型的高成长企业提供发展平台，全国市场主要服务的是经过小型资本市场提升发展到该市场的企业和世界范围内的大型企业。这之后的微软、思科、雅虎、亚马逊、谷歌等明星企业的上市及展现出来的高成长性吸引了全世界的投资者，纳斯达克迅速成为吸收创新性、高成长企业的资本市场的代名词。

第三阶段：NASDAQ市场第二次分层。2000年前后，互联网泡沫破灭导致纳斯达克经营困难，被迫关闭了在欧洲和日本的子公司。2004年，纳斯达克成功说服惠普公司在纽交所和纳斯达克同时上市，与纽交所展开了对大型上市公司的正面争夺。2006年，纳斯达克正式注册成为全国性证券交易所，同纽交所全面竞争，并设立针对大型优质公司的全球精选市场，原全国市场改为全球市场，原小型资本市场改为资本市场。至此，纳斯达克完成第二次分层，形成了NASDAQ全球精选市场、全球市场和资本市场三个层次（见图3-2），其中全球精选市场的准入标准甚至高于纽交所，是目前世界上最严格的上市标准，对全世界顶级的企业具有强大的吸引力。

综上可见，美国多层次资本市场市场格局形成的内在演进逻辑是：第一，资本市场的分层由实体经济发展和不同层次融资需求作为内生的动力来推动的。能够提供实体经济融资和交易的场所，适应实体经济的变化是资本市场存在的意义。工业革命之后，实体经济逐渐多元化发展，融资需求也变得多元化，多层次市场层级的形成能够弥补原有市场结构无法满足的实体经济发展的内在需求。第二，交易所之间的竞争作为外生动力推动资本市场进行分层改革。为了与纽交所竞争，纳斯达克由两层增加为三层,而纽交所迫于竞争压力,也做出了进一步分层的改革。同时,不仅全国市场,区域性市场之间也充斥着激烈的竞争及挑战,这是资本市场分层的巨大动力。第三,信息技术推动多层次格局的形成。信息技术的出现,使交易的便利性和广泛性得到扩大,能够实现单一交易所跨界服务并帮助全球交易者直接入市交易,与此同时,信息技术的出现也推动了系统市场的形成和发展,电子交易系统(ECNs)、黑池等的出现进一步完善了美国多层次资本市场。

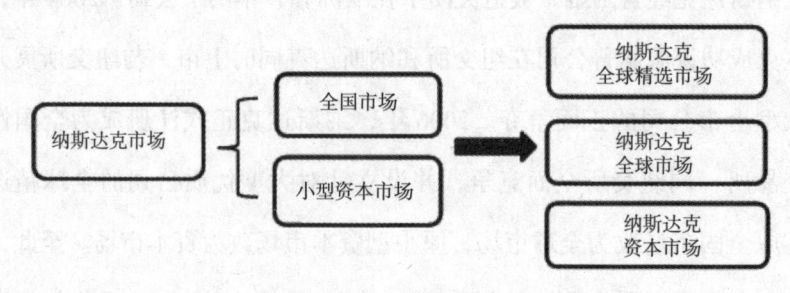

图 3-2 NASDAQ 市场分层

3.4 我国台湾地区柜台买卖中心发展现状分析

台湾地区股票市场经过六十多年的发展,形成了"台湾证券交易所主板市场—柜买中心上柜市场—柜买中心兴柜市场"的多层次资本市场体系和框架。其中,柜买中心上柜市场和柜买中心兴柜市场属于场外市场(OTC),主要服务于中小科技企业。台湾主板市场、上柜市场、兴柜市场股票在上市标准方面存在阶梯性的特征。主板市场的各项上市条件比以中小科技型企业为主的上柜市场严格。兴柜市场作为预备市场,各项准入条件较为宽松。现如今，以灵活的运作机制和低门槛准入的上柜市场和兴柜市场，有着更高的资源配置效率水平，场外交易市场对台湾地区资本市场效率起到至关重要的作用。各个层次可以实现不同类型企业的上市需求，使市场更具活力，其发展经验能够给大陆多层次资本市场建设以启发和借鉴。

以美国资本市场模式为基础，台湾地区建立了层次清晰的场外股票交易市场。在台湾发展的历程中，由于早期的资本市场发展不完善，企业主要依靠以银行体系为主的间接融资方式，间接金融提供了经济发展所需要的金融中介服务和企业发展所需要的资金。1987年年初，随着经济前景好转，资金出现宽松，股市交易活跃，导致企业通过台湾证券交易所筹集的资金增加。

1988年，台北市证券商业同业工会成立了"柜台买卖服务中心"，在该服务中心，上柜公司的报价由负责推荐的券商报出，它参考了美国纳斯达克市场的经验，采用做市商制度，想要通过自营商议价的方式来实现价格发现和流动性创造等功能，但是由于复杂的交易流程和不透明的价格形成机制，导致了交易匹配难、证券流动性差等问题，无法吸引新的投资者，以至于市场萎缩，造成初级市场与次级市场之间恶性循环。为了推动柜台买卖市场的发展，台湾证券管理委员会在1994年7月成立筹备委员会，并在同年成立了"证券柜台买卖中心"，实行了交易方式电子化。1995年，台湾证券管理委员会改进了交易方式并公布柜台指数。1999年1月，上柜股票获准进行信用交易。2000年，台湾借鉴美国纳斯达克市场，将柜台买卖中心更名为台纳斯达克，成为台湾中小型科技产业在资本市场融资的主要平台。同年7月，推出债券电子议价交易系统，在柜台买卖中心内部设立"台湾创新成长类企业股票"市场，以便在更为宽松的条件下支持新兴产业的中小企业到场外市场进行上柜交易。

2002年1月，兴柜股票市场正式开放，它被定位为拟上市企业上市（柜）前的预备市场，目的是为想要购买未上市（柜）的挂牌股票的投资者提供公开透明的交易场所，并帮助未上市的且在兴柜市场挂牌的企业在上市之前先熟悉证券市场的相关法规及运作流程，拟上市企业先要在兴柜市场登陆满六个月，满足条件才能上市，因此，兴柜市场被称为上市公司的孵化器。兴柜市场也在逐渐推行流动性改革，2003年9月29日，"兴柜股票计算机议价点选系统"上线。2009年，"小额委托单电脑辅助自动点选成交"机制推出，到2011年3月，开放推荐证券商可以通过买进卖出相抵后的金额办理给付结算，并且在当年取消豁免报买义务和原持股不足2000股的免报卖义务。兴柜市场用以满足不同规模企业发展需求，进而取代地下盘商市场，管理范围覆盖了未上市和未上柜的股票。它不仅发挥了低层市场功能，而且是联系不同层次市场的重要纽带，有助于为交易所市场和上柜市场提供更为优质的上市公司资源。

2014年1月，创柜板被推出，主要为具有创新或创意构想的非公开发行微型企业提供股权筹资功能，但不具备交易功能（图3-3）。中小微型企业通过创柜板筹集资金，融资额度与银行贷款相比具有弹性且不用支付利息，政府借此积极扶持中小微型企业，逐步壮大成公开发行、上柜及上市公司，激励创新创业，使台湾的资本市场更加活跃。

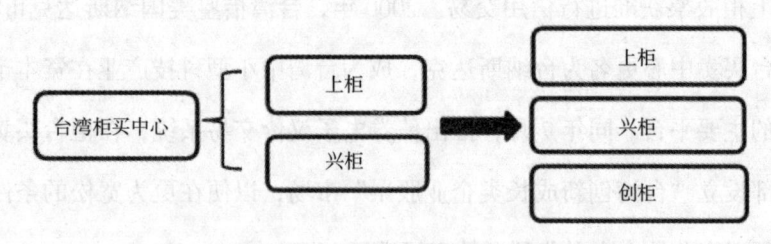

图3-3 台湾地区柜买中心分层

3.5 新三板与 NASDQ 市场、我国台湾地区柜买中心分层的比较分析

由于新三板市场与美国 NASDAQ 市场在制度设计、服务对象、发展理念、发展历程上有很多相似的地方，新三板在成立之初就被定位为"中国的纳斯达克市场"，服务于创新型、创业型、成长型的企业。虽然 NASDAQ 市场在后来的发展过程中出现了诸如苹果、谷歌、脸书等明星企业，企业规模可以与纽交所匹敌，但是其发展历程和分层逻辑还是值得新三板参考。

而台湾地区柜台买卖中心与大陆新三板市场在文化背景、资本市场发展环境等方面相近，并且经过长期的发展，目前台湾地区已经逐渐形成一个层次分明的资本市场体系，形成"兴柜市场—上柜市场—台交所市场"从低级到高级垂直分工的阶梯市场模式，有效地促进了资源优化配置。此外，台湾地区的企业发展状况与大陆有类似之处，其成长快速的企业也以中小企业为主，也迫切需要满足不同层次企业的融资需求，因此，台湾地区的资本市场发展经验也能够为我们提供参考借鉴。

3.5.1 流动性要求的比较分析

自 2006 年至今,美国的纳斯达克市场❶细分为三个层次,其中资本市场设置了三套以"流动性要求"为核心的挂牌标准来适应小型企业市值低和稳定性差的特点,分别是股东权益标准、市值标准及净利润标准(表 3-1)。而全球市场的申请标准要比资本市场严格,有净利润标准、股东权益标准、市值标准及总资产与总收入标准(表 3-2)这四套挂牌标准。对于申请在精选市场挂牌的企业,标准更加苛刻,是三个层次中挂牌标准最高的,其流动性要求主要针对首次公开募股并分立的公司、老公司和关联公司(表 3-3)这三种类型的公司。

表 3-1 纳斯达克资本市场流动性要求表

		股东权益标准	市值标准	净利润标准
流动性要求	公众持股数量	100 万股	100 万股	100 万股
	做市商	3 个以上	3 个以上	3 个以上
	持 100 股以上的股东数目	必须达到 300 名	必须达到 300 名	必须达到 300 名
	公众持股市值	1500 万美元	1500 万美元	500 万美元

表 3-2 纳斯达克全球市场流动性要求

		净利润标准	股东权益标准	市值标准	总资产与总收入标准
流动性要求	公众持股数量	110 万股	110 万股	110 万股	110 万股
	做市商	3 个以上	3 个以上	4 个以上	4 个以上

---

❶ 关于纳斯达克市场的流动性和经营性要求主要参考 Nasdaq Listing Center 编写的 *Initial Listing Guide*。

续表

		净利润标准	股东权益标准	市值标准	总资产与总收入标准
流动性要求	持100股以上的股东数目	必须达到400名	必须达到400名	必须达到400名	必须达到400名
	公众持股市值	800万美元	1800万美元	2000万美元	2000万美元

表3-3 纳斯达克全球精选市场流动性要求

		首次公开募股并分立的公司	老公司	关联公司
流动性要求	公众持股数量	125万股	125万股	125万股
	持100股以上的股东数目	450或总股东数达2200	450或总股东数2200或股东数为550且在过去十二个月里平均每月都有110万美元的交易额三者之一	450或总股东数2200或总股东数为550且在过去十二个月里平均每月都有110万美元的交易额三者之一
	公众持股市值	4500万美元	1.1亿美元或1亿且股东权益为1.1亿美元两者之一	4500万美元

台湾地区柜台买卖中心分为三层,分别是上柜、兴柜、创柜。上柜的流动性要求主要为:①经2家以上证券商书面推荐;②公司内部人以外的记名股东人数不少于300人,且其所持股份总额合计占发行股份总额20%以上。兴柜市场的流动性要求稍有不同,主要为:①2家以上推荐证券商,需指定1家为主办,其余系协办;②股东应转让持股3%(且不低于50万股)给推荐证券商认购。而创柜市场基本没有相关的流动性要求,仅需要设立的企业为股份有限公司或有限公司。

根据《全国中小企业股份转让系统挂牌公司分层管理办法》,进入创新层的企业的流动性条件包括:①采取做市转让方式的,做市商的数目不少于6家;②合格投资者不少于50人。由此可见,美国纳斯达克市场、台湾地区上柜和兴柜的分层标准以流动性要求为主,对进入每个层次的企业都有流动性指标要求,层层递进,而新三板分层时对市场流动性的关注程度相对较低。

3.5.2 经营业绩要求的比较分析

纳斯达克资本市场设置了三套以"经营业绩要求"为核心的挂牌标准来适应小型企业经营风险高的特点,分别是股东权益标准、市值标准及净利润标准(表3-4)。在经营业绩要求方面,全球市场与其在流动性要求方面一样有四套挂牌标准,分别是净利润标准、股东权益标准、市值标准及总资产与总收入标准(表3-5)。而全球精选市场同样有四套挂牌标准,分别是净利润标准,市值、收入和现金流标准,市值和收入标准,市值、资产和股东权益标准(表3-6)。

台湾地区的上柜市场的经营业绩要求共有两套标准,分别为获利能力和净值、营业收入及营业活动现金流量(表3-7),而兴柜和创柜市场没有直接的经营业绩要求。

表3-4 纳斯达克资本市场经营业绩要求

经营业绩要求		股东权益标准	市值标准	净利润标准
	股东权益	500万美元	400万美元	达到400万美元
	股票价格	买入价不低于4美元或者收盘价不低于3美元	买入价不低于4美元或者收盘价不低于2美元	买入价不低于4美元或者收盘价不低于3美元
	其他		市值:5000万美元	公司最近财政年度或最近三个财政年度中的两年持续经营的净利润达到75万美元

表 3-5　纳斯达克全球市场经营业绩要求

		净利润标准	股东权益标准	市值标准	总资产与总收入标准
经营业绩要求	股东权益	1500 万美元	3000 万美元		
	股票价格	每股价格不低于 4 美元	每股价格不低于 4 美元	每股价格不低于 4 美元	每股价格不低于 4 美元
	其他	公司最近财政年度或最近三个财政年度中最近的两个会计年度持续经营的税前收益达到 100 万美元		市值：7500 万美元	公司最近财政年度或最近三个财政年度中的两年总资产达到 7500 万美元，且总营业收入达到 7500 万美元

表 3-6　纳斯达克精选全球市场经营业绩要求

	净利润标准	市值、收入和现金流标准	市值和收入标准	市值、资产和股东权益标准
经营业绩要求	①税前收入：公司前三个财政年度的税前收益累计至少达到 1100 万美元，最近两个财政年度的税前收益都至少达到 220 万美元，且前三个财政年度的税前收益均不为负；②股票价格：每股价格不低于 4 美元	①现金流：公司前三个财政年度的总现金流量至少达到 2750 万美元，且前三个财政年度的现金流量均不为负；②市值：前 12 个月的总市值平均至少达到 5.5 亿美元；③收入：前一个财政年度的营业收入至少达到 1.1 亿美元；④股票价格：每股价格不低于 4 美元	①市值：公司前 12 个月的总市值平均至少达到 8.5 亿美元；②收入：前一个财政年度的营业收入至少达到 9000 万美元；③股票价格：每股价格不低于 4 美元	①市值：公司总市值必须达到 1.6 亿美元；②总资产：公司总资产达到 8000 万美元；③股东权益：股本总额达到 5500 万美元；④股票价格：每股价格不低于 4 美元

表 3-7　台湾地区上柜经营业绩要求

	获利能力	净值、营业收入及营业活动现金流量
经营业绩要求	最近一个会计年度合并财务报告之税前净利不低于新台币 400 万元，且税前净利占股本（外国企业为母公司权益金额）的比率符合下列标准：①最近 1 年度达 4%，且无累积亏损。②最近 2 年度均达 3%；或平均达 3%，且最近 1 年度较前 1 年度为佳	①最近期经会计师查核签证或核阅财务报告的净值达新台币六亿元以上且不低于股本三分之二。②最近一个会计年度来自主要业务的营业收入达新台币二十亿元以上，且较前一个会计年度成长。③最近一个会计年度营业活动现金流量为净流入

新三板市场规定，挂牌公司进入创新层需要满足以下两个经营业绩条件之一：①最近两年的净利润均不少于 1000 万元（以扣除非经常性损益前后孰低者为计算依据）；最近两年加权平均净资产收益率平均不低于 8%（以扣除非经常性损益前后孰低者为计算依据）；②最近两年营业收入连续增长，且年均复合增长率不低于 50%；最近两年营业收入平均不低于 6000 万元。而新三板申请公开发行并进入精选层，有四套标准，分别是市值、净利润和净资产收益率标准，市值、收入和现金流标准，市值、收入标准和研发投入标准，市值和研发投入标准（表 3-8）。

表 3-8　新三板精选层经营业绩要求

	市值、净利润和净资产收益率标准	市值、收入和现金流标准	市值、收入标准和研发投入标准	市值和研发投入标准
经营业绩要求	①市值：不低于2亿元；②净利润和净资产收益率：最近两年净利润均不低于 1500 万元且加权平均净资产收益率平均不低于 8%，或者最近一年净利润不低于 2500 万元且加权平均净资产收益率不低于 8%	①市值：不低于4亿元；②收入：近两年营业收入平均不低于 1 亿元，且最近一年营业收入增长率不低于 30%；③现金流：近一年经营活动产生的现金流量净额为正	①市值：不低于 8 亿元；②收入：近一年营业收入不低于 2 亿元；③研发投入：近两年研发投入合计占最近两年营业收入合计比例不低于 8%	①市值：不低于 15 亿元；②研发投入：公近两年研发投入合计不低于 5000 万元

3.5.3 投资者结构的比较分析

个人投资者、机构投资者和一般法人构成了证券市场中的三类投资者。其中，以个人名义直接参与交易的投资者被称为个人投资者，个人投资者也包括部分个人大股东。各类基金、证券公司（包括券商理财产品）、QFII、保险公司、社保基金、企业年金、信托公司、财务公司、银行、非金融类上市公司等被称为机构投资者，这类投资者的一般法人种类繁多，既包括上市公司的产业资本类股东，也包括国资委财政部等政府持股机构、信托资金计划、基金及子公司专户产品、券商资管计划、有限合伙企业或产业基金、私募机构、部分社保基金组合、部分QFII投资者及沪港通深港通账户统计等。而在研究中一般法人经常被并入机构投资者类别中。目前新三板的机构投资者主要指的是创业投资公司、资产管理公司、证券公司（包括主办券商和做市商）及股权投资基金管理类公司等。

作为金融市场的主要参与者，投资者对整个金融市场的流动性有着至关重要的影响。改善投资者结构会提高股市对资源配置的效率，能够改变中国股市"牛短熊长"的弊端（中山证券课题组等，2020）[154]。而股票市场的总流动性也会随着时间的推移而发生变化，Liu（2015）[155]实证研究认为股票市场流动性的时间序列变化与投资者情绪有关，并且运用格兰杰因果检验表明，投资者情绪是市场流动性的格兰杰原因。

石广平等（2016）[156]研究发现投资者的情绪会影响资产定价和市场行为，乐观的投资者情绪会催化股票指数持续大幅度上涨，进而促使市场异常繁荣，交易量显著上升，大量资金进入股票市场，市场流动性变强，整个市场资金宽松，而股票指数的不断上涨又反过来激发市场投资信心的高涨，最终保证市场充分的流动性；而悲观的投资者情绪则会严重损害股市流动性，导致市场流动性减弱。刘晓星等（2016）[157]认为投资者行为不仅是市场交易的基础，并且市场流动性也要以投资者行为作为前提。股票市场的基础流动性由投资者的交易行为产生，具有高流动性的市场能给予投资者更好的资产转移和交易的机会。

投资者结构主要由金融市场中的各类投资主体构成，具体可包括数量结构、资金结构等。由于个人投资者和机构投资者（金融市场中的两类主要投资主体）在投资理念、投资行为及对资产定价的影响程度等方面均存在明显差异，尤其是我国金融市场中个体投资者的情绪对股价的影响大于机构投资者，并且机构投资者的投资行为具有投机特征，这些差异使个体投资者与机构投资者对金融市场的流动性可能存在不同影响，有必要进一步分析。Raimond et al.（2009）[158]基于2000年美国不同市场（纳斯达克和纽交所）的上市公司数据，实证检验上市公司的机构持股者持股比例和股价波动率之间的关系，研究发现对纳斯达克上市公司而言，机构投资者持股比例与股价波动率存在显著的负相关关系，这主要是因为相对于个人投资者，机构投资者具有明显的信息优势与更为理性的投资风格，从而抑制股价的非正常波动。史永东等（2015）[159]通过对个人投资者和机构投资者过度自信心理进行了研究，发现机构投资者过度自信程度要弱于个人投资者，同时发现，个人投资者由于对私人信息赋予了更高的权重而变得更加自信。高昊宇等（2017）[160]研究发现当上市公司的机构投资者持股比例越高时，市场发生暴涨暴跌风险显著降低，而当机构投资者分散股权，极端价格发生的风险又会增加，同时整个市场的波动率越大，机构投资者对极端价格风险的减弱作用越强。吴悠悠（2017）[161]研究发现机构投资者情绪并不能直接对散户投资者情绪产生影响，而散户投资者情绪却会让机构投资者产生较大的情绪波动。同时发现，反映微观因素的机构投资者情绪具有"智钱效应"，而散户投资者情绪则存在"愚钱效应"；反映宏观因素的机构投资者情绪可以起到稳定市场的作用。孔东民和邵园园（2011）[162]认为机构持股会降低资产流动性；盈余质量也会负面影响资产的流动性，因为低盈余质量会导致投资者之间的信息不对称，引起更高的意见分歧，这将增加市场交易的频率（即流动性）；然而，在边际上，盈余质量会明显有效地增加资产的流动性。马超（2015）[163]通过对深圳主板A股的实证研究发现，机构投资者持股比例处于低位时，提高其持股比例对流动性具有负面的影响；而较高的机构投资者持股比例有助于提高股票流动性。机构投资者持股的比例与股票流动性之间呈"U"型关系。同时发现，独立机构投资者持股比例与股票流动性有相似的关系，而非独立机构投资者持股比例对股票流动性的影响不显著。

（1）新三板市场投资者结构

新三板的定位是为我国创新型、创业型和成长型的中小微企业服务，由于这些初创企业具有较差的稳定性、不确定的持续经营能力及较高的波动风险，因此，投资者投资这些企业往往面临较高的风险。基于此，新三板根据不同类型投资者的特征设置了较高的市场准入门槛，具体而言，机构投资者的注册资本必须超过500万元才可进入新三板市场，而对处于信息劣势和风险承受能力更弱的个人投资者，其进入新三板市场的门槛更高，要求本人有两年以上的证券投资经验或相关专业背景，且拥有500万元人民币以上的证券类资产。大量证券资产或专业背景使满足不了市场准入门槛的个人投资者无法进入市场，一方面不利于市场流动性的提升，另一方面也不利于其他投资者和做市商对新三板上市公司股票的投资决策。鉴于此，证监会在2019年年底发布了《全国中小企业股份转让系统投资者适当性管理办法》，新三板在坚持把机构投资者作为主要服务对象的前提下，对个人投资者的要求有所放宽，新三板基础层、创新层、精选层分别对个人投资者的日均资产要求是200万、150万、100万元，而且个人投资者要有相关合规的投资和任职经历。由于基础层的风险最高，为有效规避风险，基础层对个人投资者的资产要求也是最高的。

从总体数量来看，新三板的个人投资者和机构投资者每年都在大幅度增加，个人投资者2017年比2016年增加了21%，机构投资者2017年比2016年增加了33%。新三板的投资者仍然以个人投资者为主，2017年个人投资者达到了35.74万户，而机构投资者只有5.12万户（图3-4）。

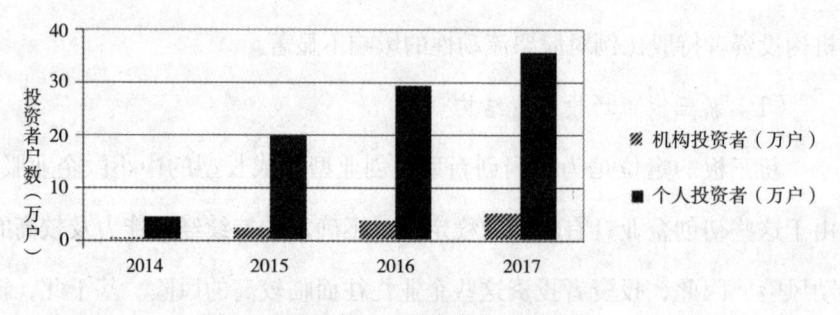

图3-4 我国新三板投资者数量柱形图

2017年新三板市场主要的机构投资者种类较少，占比最多的是一般企业，占到91.40%，其次是券商、非金融类公司和私募股权等投资机构。而公募基金、保险资金、社保资金、券商资产管理计划机构投资者在参与新三板市场投资方面呈现出较弱的积极性。此外，个人投资者可以通过直接投资或间接投资（购买机构投资者产品）等方式参与到新三板市场的交易中。因此，如何吸引更多市场中尚不活跃的机构投资者（如公募基金、社保资金、券商资产管理计划投资者等）进入市场，将会是推动新三板流动性的重要举措（表3-9）。

个人投资者数量虽然占绝对多数，但交易的主力仍然是机构投资者。较少数量的机构投资者占据了较大份额的交易量。2015年市场中投资者总数量为221342户，其中机构投资者仅为22717户，约占市场的10%，其成交量却占市场的90%，成交额占59%。2016年和2017年，个人投资者交易数量虽然有所增加，但从成交数量看，机构投资者仍然是市场的主力。

表3-9 2017年新三板机构投资者投资情况统计

机构类型	投资金额（亿元）	占比	投资家数
一般企业	890.46	91.40%	4709
非金融类上市公司	47.06	4.83%	154
券商	15.69	1.61%	463
基金管理公司	11.95	1.23%	19
阳光私募	6.38	0.65%	55
其他	2.69	0.28%	29

（2）台湾地区柜台买卖中心市场投资者结构

台湾证券柜台买卖中心分为三个层次，上柜、兴柜和创柜，主要为中小企业提供融资服务。柜台买卖中心的投资者以个人投资者为主，其成交金额也占绝对多数，2017年个人投资者投资金额占比80.8%。

由于兴柜市场作为台湾的场外市场与大陆新三板市场的金融和市场背景在许多方面相似，参考台湾场外市场的发展历程与投资者制度，对发展我国新三板市场建设具有重要的参考价值。兴柜市场在准入门槛上的设置较为宽松，兴柜市场对机构投资者只要求申报上市或上柜辅导及有两家以上券商书面推荐，而没有设置经营年限、资产规模、盈利能力、股权结构等指标限制；同时，兴柜市场对个人投资者也没有投资经验、知识背景等硬性指标限制。

目前兴柜市场的个人投资者占比较高，成交量和成交额大约占到90%。从2004年至今，兴柜市场一直保持着这种个人投资者占大头，机构投资者占小头的投资结构。

兴柜市场的准入门槛低，操作简单，而且股票市场的高投机性降低了机构投资者的理性分析优势，投资者对基金业的信心不足和对基金产品观念薄弱，使个人投资者在兴柜市场中占比较高。投资者参与兴柜市场的收益主要来自两个方面，一是中小企业具有较高的长期发展潜力和股价波动性，当股市活跃时，部分股票的涨幅可高达5至6倍。二是在企业转板上市后投资者可以获取资本利得。另外，兴柜市场还制定了一系列强化投资者保护的措施，进一步从法制角度保障投资者的权益。

兴柜市场极低的准入条件不仅为中小企业提供了新的直接融资渠道，而且也提高了资源配置效率。张立（2013）[38]基于Jefrey-Wurgle资本配置效率模型研究发现，在监管完备、法律完善、投资者成熟的假设条件下，股票市场的准入条件越宽松，资源配置效率越高，这种效应可以体现在兴柜、上柜和台交所三个市场中：兴柜市场的准入门槛最低，其资源配置效率最高，台交所的准入门槛最高，其资源配置效率最低，而上柜市场处于二者之间。

创柜成立于2014年，不具有交易功能，为非公开发行的募集方式，通过股权众筹的方式向不特定公司发行股票，为小微企业提供融资服务。在投资金额上，对于非专业投资者，最近一年内通过创柜板投资股票累计不得超过新台币6万元；对专业投资者则没有投资金额限制。

(3) 美国纳斯达克投资者结构

纳斯达克是以机构投资者为主的证券市场，个人投资者主要通过购买基金间接入市。纳斯达克市场 2017 年机构投资者和个人投资者分别约占比 75%、25%（图 3-5），这与以个人投资者为主的台湾柜台买卖市场和大陆新三板市场存在明显不同。早在 20 世纪 60 年代，美国机构投资者的金融资产总值占美、英、德、法、日五国机构投资者金融资产总值的 62%，美国证券市场机构化现象已十分明显。

而在投资者结构方面，美国市场是机构投资者种类齐全、发展迅速和发育成熟的市场，其机构投资者主要包括各种银行信托部、投资银行、证券中介机构、证券投资基金、社会保障基金、私人捐款的基金会、社会慈善机构甚至教堂宗教组织等。在 2017 年，纳斯达克的机构投资者中保险资金占到 12%，达到 26.07 万亿美元，共同基金占 15%，私募基金占到了 18%，个人投资者只有约 8000 亿美元，远远低于机构投资者。而中国新三板的投资结构单一，保险资金、公募基金和私募基金总共只有 6.23 万亿美元。投资者准入标准方面，纳斯达克没有针对投资者开户设置任何资金方面的要求。

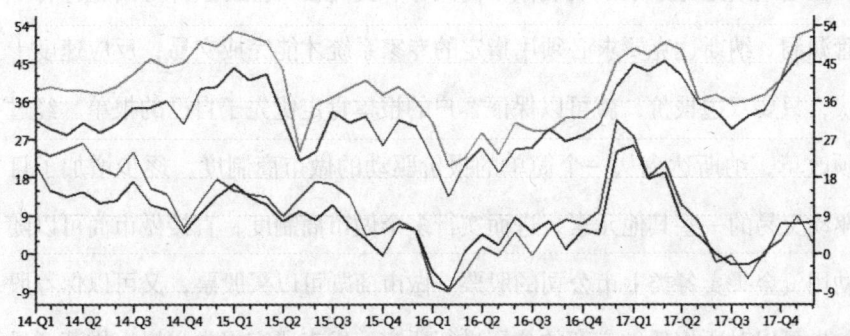

图 3-5 美国投资者信心指数折线图

资料来源：Wind 数据库。

通过以上对 NASDAQ 市场分层制度的分析，可以总结出以下三点值得新三板市场借鉴之处：

第一，独特的市场分层结构。纳斯达克具有独特的多元化市场参与者结构和良好的市场适应性，可以满足不同类型、规模和发展阶段公司的上市要求。目前纳斯达克分为三个层次，分别是全球精选市场、全球市场及资本市场。在全球精选市场和全球市场上市的公司可以与在纽约证券交易所上市的大公司竞争，而资本市场则是为中小型高增长企业提供融资服务的场所。

第二，宽松的上市标准。宽松的投融资环境是纳斯达克成功的最核心和重要的原因，但更为关键的是纳斯达克能清醒地认识到，处于信息社会而发展的新型企业与传统企业截然不同，当今的新型企业往往技术含量高，也具有更为惊人的增长潜力。通过适当放松其上市的门槛来鼓励和扶持新兴高新技术企业上市是纳斯达克市场的鲜明特点，也是其成功的根本所在。

第三，创新的做市商制度。纳斯达克推出了基于做市商的报价驱动制度，该制度打破了传统的"专家制度"，投资者想要寻找到合适的做市商，依靠联网的交易系统就可以做到。虽然最初做市商之间存在一定的共性现象，但是纳斯达克采取了明确做市商义务、提高公司挂牌条件等措施弥补了监管漏洞。纳斯达克要求必须用指定的专家系统才能完成交易，反应速度十分快，只要双边报价，就可以保证客户的报单肯定优先于自己的报单。经过多项改革，纳斯达克从一个简单的报价驱动的做市商制度，逐步增加了订单驱动交易的一些其他元素，进而实行多个做市商制度，直接做市商可以随时动用资金买卖各类上市公司的股票。做市商既可以买股票，又可以保荐股票，也可以对所担任做市商的公司进行研究、发表研究报告、提出推荐意见等。纳斯达克的做市商制度具有创新和优越性，推动了其飞速发展，新诞生的高科技公司愿意把它作为自己托付终身的对象。

通过对比新三板市场与台湾柜买中心，发现台湾柜买中心的市场层次具有更高的资源配置效率。有两方面值得新三板市场借鉴：

一方面，台湾的柜买交易市场具有较为宽松的准入门槛，大大增加了中小企业获得直接融资的机会。资本市场借助门槛低、机制灵活、将中小科技企业作为主要服务对象的场外市场，不仅补充和增强了自身的服务功能，还可以更高效地服务于实体经济（张立，2013）[38]。企业在兴柜市场融资，除了可以首次对推荐券商增发新股外，还可以进行再融资。在兴柜市场上市的许多企业在市场的约束下，会不断地通过公司治理和结构调整来提升公司的价值和声誉，以承担市场的责任和义务，为中小企业股票提供了合法的流通渠道，有利于股东投资理财。兴柜市场定位于上柜和上市前的预备市场，目标是为预备市场中具备一定条件的中小企业实现进一步发展。

另一方面，台湾地区对券商激励相当重视，采用三类重要措施来激励券商：第一，券商能够获取企业转板的承销收入；第二，通过较高的佣金和较低的业务成本来增强券商的盈利能力；第三，让券商通过认购一定比例的做市股票成为做市商，享受资本利得的同时，能够了解并挖掘公司的价值。

3.6 小结

本章分别梳理了新三板市场和美国 NASDAQ 市场、我国台湾地区柜买中心的发展历程和现状，然后从流动性要求、经营业绩要求和投资者结构三个方面对这三个市场的分层标准进行了比较分析，得出以下结论：第一，从市场结构看，NASDAQ 市场分层结构是倒三角形，要求最高的精选市场所占比例最大，与此相反，新三板市场分层结构是正三角形，要求最高的精选层占比最小，这与精选层创立时间不久，新三板市场企业质量不高，市场成熟度等因素有关。第二，从分层标准看，NASDAQ 市场和台湾柜买中心的分层标准以流动性要求为主，新三板市场分层标准以经营业绩要求为主；新三板市场根据不同类型投资者的特征设置了较高的市场准入门槛，不利于市场流动性的提升，NASDAQ 市场没有针对投资者开户设置资金要求，兴柜市场在准入门槛上的设置较为宽松。兴柜市场对机构投资者只要求申报上市或上柜辅导及有两家以上券商书面推荐，而没有设置经营年限、资产规模、盈利能力、股权结构等指标限制；同时兴柜市场对个人投资者也没有投资经验、知识背景等硬性指标限制。第三，在投资者总体数量上，新三板和台湾柜买中心都以个人投资者为主，但在成交金额上，与台湾柜买中心不同，新三板中较少数量的机构投资者占了较大份额的交易量。NASDAQ 则以机构投资者为主，投资者结构多样化，而新三板市场投资者结构单一，保险资金、公募基金、私募基金占比较少。通过对比分析，新三板分层可以借鉴 NASDAQ 市场和台湾柜买中心的分层经验，参考其独特的市场分层结构、宽松的上市标准和创新的做市商制度，认识到分层不是目的，而是手段，要根据国内外经济状况和市场需求，经常性调整分层标准，以满足各类企业的融资需求，更好地服务核心技术创新，达到服务实体经济高质量发展的目的。

第4章 新三板市场分层标准评价体系设计研究

本章选取流动性指标、财务健康指标、未来成长指标构建一个新的量化分层指标体系，之后根据新三板市场已有数据进行实证分析，构建量化评级模型挑选出一些优质的公司。以挑选出的这些公司的条件对比现有创新层准入条件，来评价现有的新三板分层条件是否合适，创新层是否真的选入一些优质的上市公司，以便为新三板市场分层标准的改进提供参考。

4.1 基于量化评级的指标体系模型构建[1]

新三板市场内虽然有值得投资的"黄金股票"，但不值得投资的"垃圾股票"更多，这造成投资者投资效率低下，降低了新三板的流动性。而创新层设置的目的正是解决这一问题，将一些优质公司挑选进创新层，通过完善新三板市场的层级结构，提升其服务实体经济和科技创新战略的能力。但是在实际中发现，在创新层设立后的几年，并没有大幅度地增加新三板市场的流动性，实体行业中的民营企业等仍然融资困难、绩效低下（谢雪燕等，2019）[164]，同样也没有提振投资者对新三板的信心，大部分投资者依然不看好创新层里的股票。那么创新层是否真的选入了一些优质的上市公司？或者优质的公司真的都进入了创新层了吗？（例如，截至2016年5月，英雄互娱、中科招商、恒大淘宝、新产业和信中利，这5

---

[1] 本书指标体系的模型构建既参考了一些现有文献，同时也咨询了相关从业资格者，力求从理论和实务两方面上相互结合。

家市值前十名的明星新三板公司,由于不符合创业板标准,无法进入创业板。)那么,创新层的准入条件真的适合吗?本章将采用量化评级法解决以上问题。

股票的量化评级与资信评估有着密切的联系。资信评估在19世纪末20世纪初起源于美国,是专业机构基于标准化的评估指标体系和科学的评估方法,从客观、公正的角度,对各类市场的参与者(企业、金融机构和社会组织)及各类金融工具的发行主体进行的关于其履约能力及可信任程度的综合全面的评价,为股票的量化评级提供了借鉴依据。如财务指标分析、专家调查等都是股票评级的重要方法,进行评级的手段也有很多种,如层次分析法、因子分析法、突变计数法等。

由于新三板市场分层的标准主要集中于经营业绩方面,并且新三板公司披露的资料在数量和质量上远不如主板和二板,在所能查到的公开资料中,主要以财报中的财务指标和股票历史交易信息为主。因此,本章基于可以查到的财务数据以量化评级的方法构建模型,主要采用财务指标分析和股票历史交易信息分析的股票评级方法,这样既可以考虑到新三板市场中上市公司的企业基本面,同时也考虑了其股票的流动性情况,使模型涵盖的因素更广,结果更可靠。关于股票评级的手段,本书主要是通过标准化方法将数据进行处理,以便进行综合对比评价,保证最终结果的可比性。通过这种股票评级,我们可以从良莠不齐的企业中筛选出比较优质的企业,通过分析这些优质企业的一些共有的流动性指标和财务经营指标,分析其特点,寻找出有助于完善我国新三板市场分层标准的特性,从而为我国新三板市场分层标准的改进提供理论参考。

为了能有效衡量新三板市场的上市公司，在指标选取的过程中，不仅要从资本市场的交易数据中选取，也要从资本市场的企业财报中提取财务指标（图4-1）。

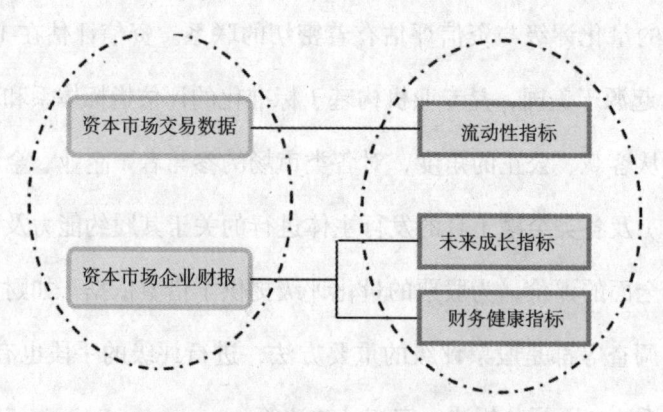

图4-1 资本市场量化评级指标来源

统计指标体系是现实数据的载体，是由基础数据反映现象的首要步骤。为分析新三板上市企业发展状况，选取相应变量构建流动性指标、未来成长指标和财务健康指标（见表4-1），使用这三个指标来进行量化评级。

表4-1 新三板市场量化评级统计指标体系

统计维度	统计重点	拟选取的量化评级部分指标
指标体系Ⅰ——流动性指标	交易量、交易额、换手率、市场深度	收盘价、成交量、成交金额、近30个交易日的换手率
指标体系Ⅱ——未来成长指标	盈利能力、营收质量、运营效率、成长性	总资产报酬率、销售毛利率、营业利润、销售商品、提供劳务收到的现金、净营业周期、生产资产、负债与股东权益合计、营业收入、人均营业收入、职工人均薪酬

续表

统计维度	统计重点	拟选取的量化评级部分指标
指标体系Ⅲ—财务健康指标	财报可靠度、现金流状况、营收质量	无形资产、在建工程、长期股权投资、长期待摊费用、预付款项、存货、应收账款、应付票据、营业外收入、其他应收款、营业收入增长率、投资活动产生的现金流量净额、经营活动产生的现金流量、应付职工薪酬、支付给职工及为职工支付的现金、销售毛利率、非流动资产合计、营业利润

4.1.1 流动性指标

流动性指标（$Liquid$）主要用来刻画资本市场股票的流动性，来源于资本市场的交易数据，主要包括近30个交易日的收盘价、成交量、成交金额，近30个交易日的换手率（图4-2）。

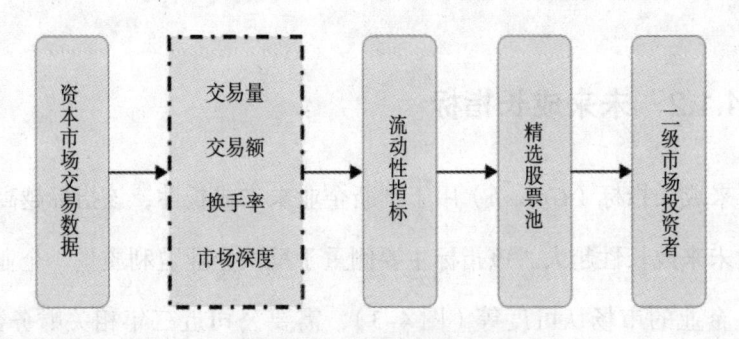

图4-2 资本市场流动性指标

资本市场流动性指标的计算方法如下。

指标一：

$$Deep = \frac{1}{n}\sum \frac{C}{\ln P_2 - \ln P_1} \quad (4.1)$$

其中，C 代表成交金额，P_1 表示当天的开盘价，P_2 表示当天的收盘价，n 代表当月股票的交易天数，通过求算术平均值，计算近 30 个交易日市场深度 Deep（如果当天交易价格没有变化，分母为 0，报错，则当日市场深度赋值为 0），最后进行标准化［采用的是 max-min 标准化，即（原值 -min）/（max-min），下同］。

指标二：成交量（Volume），通过计算近 30 个交易日成交量算术平均数，进行标准化；

指标三：成交金额（Transaction），通过计算近 30 个交易日成交金额算术平均数，进行标准化；

指标四：换手率（Turnover），通过计算近 30 个交易日换手率算术平均数，进行标准化。

流动性指标（Liquid）=（Deep×0.7+ Volume×0.1+Transaction×0.1+Turnover×0.1）×100

4.1.2 未来成长指标

未来成长指标（Growth）用于判断企业未来成长性，该指标越高，说明企业未来成长性越大。该指标主要侧重于反映企业盈利质量、企业的成长性、企业的市场认可度等（图 4-3），需要公司近三年相关财务数据，具体财务指标包括总资产报酬率、销售毛利率、营业利润、销售商品、提供劳务收到的现金、净营业周期、生产资产、负债与股东权益合计、营业收入、人均营业收入、职工人均薪酬等（表 4-2），主要对这些财务指标（包含该指标的近三年增长率）标准化后，通过模型处理，对各指标所得值进行加权平均来进行计算，具体模型的计算方法见表 4-4、表 4-5。

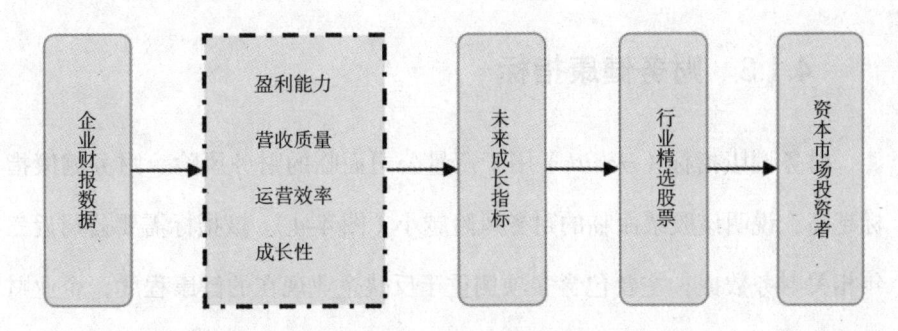

图 4-3　资本市场未来成长指标

表 4-2　新三板市场未来成长指标统计指标体系

维度	财务指标
企业规模	收入规模
盈利能力	总资产报酬率
	毛利率
	营业利润率
	营业利润率变化
经营质量	销售商品或服务获得的现金/营业收入
	有息负债/货币资金
	（OCF-净利润）/营业收入
	净营业周期
	生产资产/总资产
	营业收入/生产资产
	人均营业收入
	职工人均薪酬
成长性	营收增长率 *ln(营业收入)

4.1.3 财务健康指标

财务健康指标（Health）用于衡量公司面临的财务风险，财务健康指标越高，说明该股票面临的财务风险越小（图4-4）。该指标需要公司近三年相关财务数据，主要包含多项侧重于反映企业现在的健康程度，企业财务的稳健等的财务指标（包含该指标的近三年增长率）。可以从无形资产、在建工程、长期股权投资、长期待摊费用、预付款项、存货、应收账款、应付票据、营业外收入、其他应收款、营业收入增长率、投资活动产生的现金流量净额、经营活动产生的现金流量、应付职工薪酬、支付给职工及为职工支付的现金、销售毛利率、非流动资产合计、营业利润等财务指标进行综合考量（表4-3）。财务健康指标需要通过模型处理后，再标准化处理，具体模型的计算方法见表4-6～表4-8。

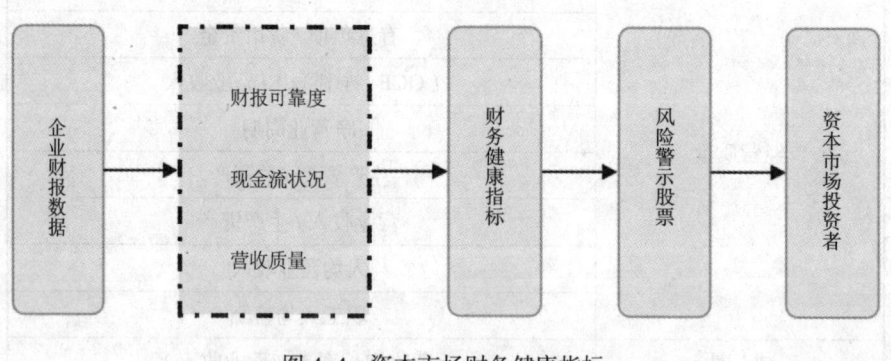

图4-4 资本市场财务健康指标

表 4-3　新三板市场财务健康指标统计指标体系

维度	财务指标
财报可靠度	无形资产/总资产
	在建工程/总资产
	长期股权投资/总资产
	长期待摊费用/总资产
现金流状况	（经营活动产生净现金流－营业利润）/abs（营业利润）
	(应付账款+应付票据)/营业成本
	应收账款/营业收入
	（预付+应收+其他应收+应收票据）/营业收入
	资本性支出/固定资产
	货币资金/净资产
	短期贷款/净资产
营收质量	预付款项/营业成本
	存货/营业成本
	营业外收入/营业收入
	其他应收款/主营业务收入
	营业收入增长率
	销售毛利率
	高毛利低存货周转率
	营业收入增长率－支付给员工的薪水增长率

表 4-4 未来成长指标构建模型（1 表）

财务指标编号	A	B	C	E	H	I	J
财务指标	总资产报酬率	毛利率	营业利润率	销售现金比率	净营业周期	生产资产/总资产	营业收入/生产资产
基础数据抓取	1 总资产报酬率（2015、2016、2017年报）	2 销售毛利率（2015、2016、2017年报）	3 营业利润/营业总收入（2015、2016、2017年报）	5 销售商品、提供劳务收到的现金/营业收入（2015、2016、2017年报）	8 净营业周期	9 固定资产（2015、2016、2017年报） 10 在建工程（2015、2016、2017年报） 11 工程物资（2015、2016、2017年报）	17 营业收入（2015、2016、2017年报）
财务指标基础数据计算						12 负债与股东权益合计（2015、2016、2017年报）	
计算公式：指标	1	2	3	4	8	(9+10+11)/12	17/(9+10+11)
计算公式：指标	A2017	B2017	C2017	E2017	H2017	I2017	J2017
计算公式：指标变化	A2017–min(A2015, A2016)	B2017–min(B2015, B2016)	C2017–min(C2015, C2016)	E2017–min(E2015, E2016)	H2017–min(H2015, H2016)	I2017–min(I2015, I2016)	J2017–min(J2015, J2016)
指标标准化换算上下限（行业）	各个指标在各行业的 0.9 双侧分位数作为离差标准化换算的上下限						

112

续表

财务指标编号	A	B	C	E	H	I	J
财务指标	总资产报酬率	毛利率	营业利润率	销售现金比率	净营业周期	生产资产/总资产	营业收入/生产资产
指标变化的标准化换算上下限（行业）	指标变化在各行业的 0.9 双侧分位数作为离差标准化换算的上下限							
指标标准化换算上下限（个股）	个股所在行业的各个指标的"占比"的 0.9 下侧分位数							
指标变化的标准化换算上下限（个股）	个股所在行业的各个指标的"占比"的 0.9 下侧分位数							
标准化换算公式	（实际值 − 下限）/（上限 − 下限）							
特殊情况处理	若个股某财务指标的值大于该财务指标的标准化换算上限，该股票在该财务指标下的输出结果为 1；若个股某财务指标的值小于该财务指标的标准化换算下限，该股票在该财务指标下的输出结果为 0；若该财务指标的标准化换算上限与下限相等，则该股票在该财务指标下的输出结果为 0.2							

表 4–5　未来成长指标构建模型（Ⅱ表）

财务指标编号	D	M	K	G	L	F
财务指标	收入规模	营收增长率 × ln(营业收入)	人均营业收入	(OCF－净利润)/营业收入	员工人均薪酬	有息负债/现金及现金等价物
基础数据抓取		13 营业收入同比增长率（2015、2016、2017年报）	14 员工总数 2017	15 经营活动产生的现金流量净额（2015、2016、2017年报）	16 归属于母公司股东的净利润（2015、2016、2017年报）	6 有息债务（2015、2016、2017年报） 7 现金及现金等价物
财务指标基础数据计算						
计算公式：占比	ln(17)	13 × ln(17)	=17/14	=(15−16)/17		6/7
计算公式：增速	D2017−min(D2015, D2016)	M2017−min(M2015, M2016)	K2017−min(K2015, K2016)	G2016−min(G2015,G2016)	L2017−min(L2015, L2016)	F2017−min(F2015, F2016)
指标标准化换算上下限（行业）	D2017	M2017	K2017	G2017	L2017	F2017

各个指标在各行业的 0.9 双侧分位数作为离差标准化换算的上下限

续表

财务指标编号	D	M	K	G	L	F
财务指标	收入规模	营收增长率 × ln(营业收入)	人均营业收入	(OCF−净利润)/营业收入	员工人均薪酬	有息负债/现金及现金等价物
指标变化的标准化换算上下限（行业）			指标变化在各行业的 0.9 双侧分位数作为离差标准化换算的上下限			
指标标准化换算上下限（个股）			个股所在行业的各个指标的"占比"的 0.9 下侧分位数			
指标变化标准化换算上下限（个股）			个股所在行业的各个指标的"占比"的 0.9 下侧分位数			
标准化换算公式			（实际值−下限）/（上限−下限）			
特殊情况处理			若个股某财务指标的值大于该财务指标标准化换算上限，该股票在该财务指标下的输出结果为 1；若个股某财务指标的值小于该财务指标标准化换算下限，该股票在该财务指标下的输出结果为 0；若该财务指标的标准化换算上限与下限相等，则该股票在该财务指标下的输出结果为 0.2					

表 4-6 财务健康指标构建模型（1表）

财务指标编号	A	B	C	D	E	F	G	H
财务指标	无形资产/总资产	在建工程/总资产	长期股权投资/总资产	长期待摊费用/总资产	预付款项/营业成本	存货/营业成本	（应付账款+应付票据）/应收账款	应收账款/营业收入
基础数据抓取	1 无形资产（2015~2017）	2 在建工程（2015~2017）	3 长期股权投资（2015~2017）	4 长期待摊费用（2015~2017）	6 预付款项（2015~2017）	7 存货（2015~2017）	8 应付账款（2015~2017） 9 应付票据（2015~2017）	11 应收账款（2015~2017）
	5 负债和所有者权益（或股东权益）总计（2015~2017）				10 营业成本（2015~2017）			14 营业收入
财务指标基础数据计算	1/5	2/5	3/5	4/5	6/10	7/10	8/10	11/14
计算公式：占比	A2017	B2017	C2017	D2017	E2017	F2017	G2017	H2017
计算公式：增速	A2017-min(A2015, A2016)	B2017-min(B2015, B2016)	C2017-min(C2015, C2016)	D2017-min(D2015, D2016)	E2017-min(E2015, E2016)	F2017-min(F2015, F2016)	G2017-min(G2015, G2016)	H2017-min(H2015, H2016)
行业分位点：占比	各个指标的"占比"在各行业的0.9侧下分位数							

续表

财务指标编号	A	B	C	D	E	F	G	H
财务指标	无形资产/总资产	在建工程/总资产	长期股权投资/总资产	长期待摊费用/总资产	预付款项/营业成本	存货/营业成本	(应付账款+应付票据)/营业成本	应收账款/营业收入
行业分位点：占比	各个指标的"占比"在各行业的 0.8 侧下分位数							
与增速	各个指标的"增速"的 0.9 下侧分位数							
个股分位点：占比	个股所在行业的各个指标的"占比"的 0.9 下侧分位数							
与增速	个股所在行业的各个指标的"增速"的 0.9 下侧分位数							
输出结果	若个股某财务指标的"占比"值大于该财务指标"占比"的 0.9 下侧个股分位点，或者大于该财务指标"占比"的 0.8 下侧个股分位点，同时个股该财务指标的"增速"大于该财务指标"增速"的 0.9 下侧分位点的值，那么该股票在该财务指标下的输出结果为 1，否则输出结果为 0。该股票在本模型所有财务指标下的输出结果之和即为该股票财报可靠度取值							

表 4-7 财务健康指标构建模型（II 表）

财务指标编号	I	J	K	L	M
财务指标	（预付+应收+其他应收+应收票据）/营业收入	营业外收入/营业收入	其他应收款/主营业务收入	营业收入增长率	资本性支出/固定资产
基础数据抓取	12 应收票据（2015~2017） 14 营业收入	13 营业外收入（2015~2017） 14 营业收入	15 其他应收款（2015~2017） 16 其他业务收入（2015~2017）	17 营业收入增长率（2015~2017）	19 投资活动产生的现金流量净额（2015~2017） 20 非流动资产合计（2015~2017）
财务指标基础数据计算	12/14	13/14	15/(14-16)	17	19/20
计算公式：占比	I2017	J2017	K2017	L2017	M2017
计算公式：增速	I2017-min(I2015,I2016)	J2017-min(J2015,J2016)	K2017-min(K2015,K2016)	L2017-min(L2015,L2016)	M2017-min(M2015,M2016)
行业分位点：占比	I 指标的"占比"在各行业的 0.1 下分位数		各个指标的"占比"在各行业的 0.9 侧下分位数		
行业分位点：占比与增速	I 指标的"占比"在各行业的 0.2 下分位数		各个指标的"占比"在各行业的 0.8 侧下分位数		
	I 指标的"增速"的 0.1 下分位数		各个指标的"增速"的 0.9 下侧分位数		

续表

财务指标编号	I	J	K	L	M
财务指标	（预付+应收+其他应收+应收票据）/营业收入	营业外收入/营业收入	其他应收款/主营业务收入	营业收入增长率	资本性支出/固定资产
个股分位点：占比	个股所在行业的 I 指标的"占比"的 0.1 下侧分位数	个股所在行业的 J 指标占 0.1 下侧分位数			
个股分位点：占比与增速	个股所在行业的 I 指标的"占比"的 0.2 下侧分位数		个股所在行业的各个指标的"占比"的 0.9 下侧分位数	个股所在行业的 J 指标占 0.9 下侧分位数	
	个股所在行业的 I 指标的"增速"的 0.1 下侧分位数			个股所在行业各个指标的"增速"的 0.9 下侧分位数	
输出结果	若个股某财务指标的"占比"值大于该财务指标的"占比"的 0.8 下侧分位点，同时个股该财务指标的"增速"的值大于该财务指标的"增速"的 0.9 下侧分位点，或者大于该财务指标的 0.9 下侧分位点的值，那么该股票在该财务指标下的输出结果为 1，否则输出结果为 0。该股票在本模型所有财务指标下的输出结果之和即为该股票的财报可靠度取值				

表 4-8 财务健康指标构建模型（III 表）

财务指标编号	N	O	P	Q	R	S
财务指标	（经营活动产生净现金流－营业利润）/abs(营业利润)	营业收入增长率－支付给员工的薪水增长率	销售毛利率	高毛利低存货周转率	短期贷款/净资产	货币资金/净资产
基础数据抓取	21 经营活动产生的现金流量（2015~2017）	26 应付职工薪酬（2014~2017）	18 销售毛利率（2015~2017）		23 短期贷款（2015~2017）	24 货币资金（2015~2017）
	22 营业利润（2015~2017）	t 年支付给员工薪水增长 $=26_t-26_{t-1}+27_t$			25 所有者权益（或股东权益）合计	
财务指标基础数据计算	(21-22)/abs(22)	17- 支付给员工的薪水增长率	18	$(Q2017-Q2015)/100+(F2017-F2015)$	23/25	24/25
计算公式：占比	N2017	O2017	P2017		R2017	S2017
计算公式：增速	N2017-min(N2015,N2016)	O2017-min(O2015,O2016)				
行业分位点：占比	N 指标的"占比"在各行业的 0.1 下分位数	各个指标的"占比"在各行业的 0.9 侧下分位数				

120

续表

财务指标编号	N	O	P	Q	R	S
财务指标	(经营活动产生净现金流 − 营业利润)/abs(营业利润)	营业收入增长率 − 支付给员工的薪水增长率	销售毛利率	高毛利低存货周转率	短期贷款/净资产	货币资金/净资产
行业分位点：占比	N 指标的"占比"在各行业的 0.2 下分位数	各个指标的"占比"在各行业的 0.8 侧下分位数				
行业分位点：与增速	N 指标的"增速"的 0.1 下分位数	各个指标的"增速"的 0.9 下侧分位数				
个股分位点：占比	个股所在行业的 N 指标的"占比"的 0.1 下侧分位数	个股所在行业的 O 指标占比 0.9 下侧分位数				
个股分位点：与增速	个股所在行业的 N 指标的"占比"的 0.2 下侧分位数	个股所在行业的各个指标的"占比"的 0.9 下侧分位数				
个股分位点：与增速	个股所在行业的 N 指标的"增速"的 0.1 下侧分位数	个股所在行业的各个指标的"增速"的 0.9 下侧分位数				
输出结果	若个股某财务指标的"占比"值大于该财务指标"占比"的 0.8 下侧个股财务指标的"增速"的值大于该财务指标"增速"的 0.9 下侧该财务指标的值，同时个股该财务指标"增速"的值大于该财务指标"增速"的 0.9 下侧该财务指标的值，那么该股票在该财务指标下的输出结果为 1，否则输出结果为 0。该股票在本模型所有财务指标下的输出结果之和即为该股票的财报可靠度取值					

4.2 新三板市场分层标准评价实证研究

通过上节基于量化评级的模型构建，为了进一步说明上节模型可以对现在新三板的分层条件进行评价，且能衡量资本市场发展的各分层条件。本节选取 2015~2017 年三年的新三板上市公司数据，其中研究所需的财务数据来源于 wind（万德）数据库，在样本的选取过程中剔除了待审查和待挂牌的新三板股票。其中财务健康指标和未来成长指标的数据的样本数量共有 10855 个。删除数据不全的样本，一共包含 6603 个样本。

按照 4.1 节的股票量化评级模型进行分析，采用 Stata15.0 软件，分别分析流动性指标（$Liquid$）、财务健康指标（$Health$）和未来成长指标（$Growth$）的平均值、最小值、25% 分位数、中位数、75% 分位数、90% 分位数、最大值和方差（表 4-9）。

表 4-9 量化评级指标的描述性统计

变量名	N	Mean	min	p25	p50	p75	p90	max	Sd
$Liquid$	6603	27.041	10.926	26.979	26.979	26.981	27.041	79.261	0.796
$Health$	6603	94.627	-6794.1	23.458	31.708	40.022	50.245	366896	4528
$Growth$	6603	87.265	47.059	82.353	88.235	94.117	100	100	9.536

表 4-9 分析的是流动性指标（$Liquid$）、财务健康指标（$Health$）和未来成长指标（$Growth$）的描述性统计，在流动性指标中的方差为 0.796，排除最大值和最小值这样的离群值的影响，流动性指标的大致范围在 26~27，变化不大，表明绝大部分的新三板股票的流动性比较差。财务

健康指标中的方差为 4528，25% 分位数（p25）为 23.458，90% 分位数（p90）为 50.245，说明新三板股票中的财务健康情况差距较大，不过有 65% 的公司财务健康指标维持在 23 至 50 之间。未来成长指标中的平均值为 87.265，中位数为 88.235，两者差别不大，有 65% 的公司的未来成长指标在 80 以上，说明新三板的大部分股票存在良好的成长性。

通过对三个指标的分析，可以对样本进行分组，由于流动性指标的差异太小，分组后差异不大，所以通过对财务健康指标和未来成长指标这两个指标分组，找出优质股票。本节分别依照财务健康指标和未来成长指标的中位数进行分组，首先分别选取两个指标的数值大于该指标的中位数的样本，其次找到两个指标选取重复的样本，最后共得到 1328 个样本。接下来分析前十大股东持股比例、市值、股东权益、净利润、净资产收益率 ROE(平均)、净资产收益率 ROE(加权)、营业收入、户均持股比例、做市商家数这几个涉及股票分层的变量，见表 4–10 和表 4–11。

表 4–10 量化评级后分层标准变量

分类	变量名	变量解释
流动性	MM	做市商个数（纳斯达克、我国台湾柜台买卖中心、新三板）
经营业绩	BV	市值（纳斯达克）
	SE	股东权益（纳斯达克）
	OR	营业收入（纳斯达克、我国台湾柜台买卖中心、新三板）
	NP	净利润（台湾柜台买卖中心、新三板）
	AROE	净资产收益率(平均)（新三板）
	WROE	净资产收益率(加权)（新三板）
投资者	AVS	户均持股比例
	TOP10	前十大股东持股比例

注：指标选取来源参考第 3 章，括号内为选取该指标作为分层标准的市场。

表 4-11 量化评级后分层标准变量的描述性统计

变量名	N	mean	min	p25	p50	p75	p90	max	sd
MM	263	5.756	2	3	5	7	12	23	4.197
BV	1116	73400	30	12100	28700	61800	138000	4590000	228000
SE	1295	8780	158.950	2490	4650	7750	13500	530000	25700
OR	1294	42700	0	7970	16000	32600	67300	7350000	239000
NP	1295	2720	3.508	686.767	1550	2990	4920	90200	5940
AROE	1291	32.040	0.132	9.075	15.999	25.426	37.004	10976.290	319.741
WROE	1287	20.065	0.130	9.090	16.06	25.380	36.920	626.110	24.165
AVS	1296	58.945	0.198	14.185	33.333	76.923	142.857	500	71.072
TOP10	1266	84.927	22.150	77.290	87.870	96.150	100	100	13.811

注：其中 MM 的单位是个，AROE、WROE、AVS、TOP10 这四个变量的单位为 %，其余变量单位皆为万元。

根据表 4-11 具体来看：

①采取做市转让方式的，做市商家数（MM）的最小值为 2，最大值为 23，其中 65% 集中在 3~12，而新三板分层标准的实际值为 6，在 50%~75% 之间，从实证研究角度来看，设置偏高。

②市值（BV）、股东权益（SE）、营业收入（OR）、净利润（NP）的方差都很大，说明资本市场上市公司的市值、股东权益、营业收入和净利润之间都具有较大差距。市值（BV）的平均值为 73400 万元，分层标准中市值的设定为 6 亿元，比较接近 75% 的分位点，从实证研究角度来看，设置偏高。

③股东权益（SE）的平均值为 8780 万元，50% 的分位点为 4650 万元，75% 分位点为 7750 万元，分层标准中股东权益的设定为 5000 万元，介于 50% 的分位点与 75% 分位点之间，分层标准的设定有些偏高。

④营业收入（OR）的平均值为42700万元，分层标准中营业收入的设定为2000万元，在0~25%之间，更接近于最小值，因此设定偏低。

⑤净利润（NP）的平均值为2720万元，分层标准中净利润的设定为1000万元，在25%分位点至50%分位点之间进行比较发现其更接近25%分位点，但依然有些偏高。

⑥净资产收益率（ROE）用平均还是加权方法的差距不大，25%分位点的值9%，比较接近实际分层标准设定中的8%。

⑦从投资者方面来说，户均持股比例（AVS）的变化较大，最小值为0.198，最大值为500，平均数和中位数之间也有较大差距；前十大股东持股比例（TOP10）中，方差较小，其中65%的前十大股东持股比例均大于75%。

基于上述的实证分析，针对三个量化评级指标可以从新三板市场得到如下信息：第一，绝大部分的新三板股票的流动性比较差；第二，新三板股票中的财务健康情况差距较大；第三，新三板的大部分股票存在良好的成长性。由此，资本市场的大多数股票保持了低流动性、健康状况差异大但大多数具备成长良好的特性。

同时，可以认为新三板的分层数是相对合理的。首先，无论是创新层还是基础层采取做市交易方式或集合竞价交易方式，并未在新三板市场推出连续竞价交易，不改变交易方式，重复的分层毫无意义。其次，通过当前的分析，研究发现新三板的流动性指数和未来成长指数差距相对较低，而财务健康情况差距较大，这是由于新三板市场目前挂牌的企业较多，而且企业差异化比较严重所造成的，如果要分更多层的话（假如分三层），由于新三板投资者以个人投资者为主，而个人投资者在交易中的信息含量不足，最终必然造成最底层企业不受个人投资者重视，从而达不到这些底层企业的融资需求，进而造成更差的企业财务健康情况，导致最低层次的企业退市。最后，如果新三板设置了转板条件，就可以增加一层，设置专门的上市"预备市场"，类似于台湾柜买中心的上柜，但新三板当时并未有相关政策的出台。

根据模型从众多差异化企业中挑选优秀的企业进行实证分析，可对新三板市场分层标准设计得到如下结论：对做市商个数进行分析，资本市场要求采取做市转让方式的，做市商家数不少于6家，从上一章的纳斯达克市场的分层标准来看，纳斯达克在分层中要求做市商的数量一般是大于3家或4家，研究发现：做市商家数不少于6家的要求偏高；由市值、股东权益、净利润三个指标从实证研究角度来看，现有进入创新层的标准"最近两年净利润不低于1000万元""股东权益不少于5000万元""平均市值不低于6亿元"也设置偏高，而"最近两年营业收入平均不低于6000万元"从实证研究角度来看，设置偏低；在投资者方面，户均持股比例不太适合作为分层标准，而前十大股东持股比例不应少于75%。在对资本市场进行分层设计时，需要综合考虑做市商个数、市值、股东权益及净利润等因素，结合资本市场的实际可得数据对分层状况做出有效分析。

4.3 小结

本章首先基于量化评级方法构建了我国资本市场分层模型，考虑到资本市场中上市公司的企业基本面及其股票的流动性情况，采用财务指标分析和股票历史交易信息分析的股票评级方法获得了可靠结果。股票评级方法要通过标准化方法处理数据，并进行综合对比评价，保证了结果分析的有效性。通过此种股票评级方式，本书从资本市场中筛选出比较优质的企业，并分析了这类企业的一些共有流动性指标和财务经营指标，总结了我国资本市场分层标准的特性，这有助于完善我国资本市场分层标准的制定。其次，在量化评级的指标选取方面，本章从资本市场的交易数据中选取了流动性指标，从资本市场的企业财报中提取了财务健康指标和未来成长指标，借由这三个指标来进行具体的量化评级。其中流动性指标由资本市场的交易数据刻画资本市场股票的流动性，财务健康指标由公司财务数据衡量财务风险的大小，而未来成长指标用于判断企业未来成长性。最后，本章基于构建的量化评级模型对新三板市场数据进行了实证分析。根据实证结果，现有模型可有效评价我国资本市场的分层条件。但在进行具体的分层设计时，需要全面考虑做市商个数、市值、股东权益、净利润及股东持股比例等因素，在此基础上对分层状况进行具体的调整。

第5章　新三板市场分层与金融风险防范研究

基于前文的资本市场分层标准研究，本章首先识别新三板市场的主要风险来源，从定量和定性分析角度，具体分析新三板市场分层后不同层次面临的风险及各层次之间的风险传染，在此基础上，分析梳理防范和化解新三板市场金融风险的现行措施，并从投资方、融资方及监管方等角度，分别提出相应的对策建议，以期对新三板市场风险进行分层监管。

5.1 问题的提出

近年来，随着我国金融体系逐步完善，我国越来越注重资本市场金融风险的防范与治理，资本市场作为金融市场的重要组成成分，具有风险大、收益高、投资期限长、流动性差等特征，因此，有关资本市场金融风险的研究一直受到学者们的重视（例如，徐国祥和李波，2017；陈健等，2007）[165][166]。但是，通过梳理相关文献可以发现，现有研究更多关注证券市场和主板股票市场等起步较早的资本市场，对于"新三板"市场这类新兴板块的市场风险研究则相对空白，新三板市场与传统资本市场存在差异，且抵御风险能力差，因此，针对该类新兴板块的风险亟需得到关注。本章重点研究新兴板块的风险特征，将新三板市场作为新兴板块代表，对其风险的来源和特点进行深入研究与分析。另外，现有资本市场风险的研究大多关注资本市场整体的风险或股票市场中的主板市场的风险，较少关注不同层次的资本市场的风险来源和特征，如前所述不同层次资本市场体现着不同程度的风险，因此，本章从多层次资本市场角度研究不同类型的风险，并将新三板不同层次之间的风险相比较分析，为具有不同风险偏好的投资者提供决策参考。

5.2 新三板市场风险指标体系

从风险的来源和表现形式这两个方面来看,新三板市场和传统资本市场存在差异,新三板市场的风险在根本上来源于挂牌公司本身,而企业风险则有多种表现形式,如财务风险、经营风险、股权风险等,这些问题反映到市场上,进而形成新三板市场的风险。新三板市场的风险传导机制可以归纳为两种方式:第一种是影响企业本身进而影响整个市场的稳定性;第二种是通过资本市场对市场主体的安全性和稳定性产生威胁。

具体来说,结合新三板市场风险的客观性、相对性、可预测性和可控性的特征,本研究将中国新三板资本市场的风险来源划分为企业自身风险和资本市场风险两大来源。其中针对企业自身风险,本书进一步划分为企业自身财务风险、企业自身经营风险和企业自身信息披露风险三种类型;针对资本市场风险,本书进一步划分为交易制度风险和流动性风险两种类型,建立了图 5-1 所示的风险评价指标体系。

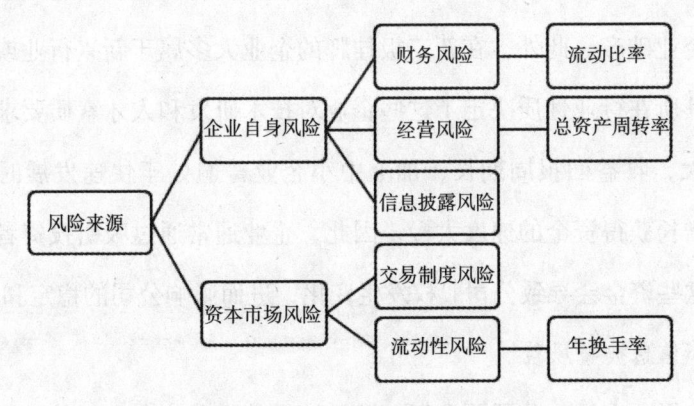

图 5-1 新三板市场分层的风险评价指标体系

5.2.1 企业自身风险

(1) 财务风险

财务风险是客观存在的,它是指公司在日常经营活动中面对的可能导致公司经济受损、品牌价值降低、与预期收入不一致的因素。如果企业在财务经营过程中不能减少或者规避财务风险,企业可能因此出现财务危机,甚至出现资不抵债的情况,最终导致企业破产。大多数新三板企业由于其在规模与所在行业上的特性,企业利润较小,管理者考虑自身的利益采取一些行为,导致企业出现财务风险,主要表现在财务制度不规范,设置内外账等。

(2) 经营风险

经营风险是指受到生产经营变动或市场环境改变的影响,导致企业的市场价值变动的可能性。由于新三板挂牌企业规模较小,企业资产、经营额、主营业务收入都较小,盈利能力不稳定,再加上企业对健全财务制度的认识不足,导致企业财务管理混乱,引发现金流风险,资金链断裂,进而导致企业破产。此外,在新三板挂牌的企业大多属于新兴行业或高科技产业,其所在行业性质决定了这些企业对技术研发和人才素质要求高,前期投入大,收益回报周期长,加上中小企业普遍处于快速发展时期,通过内生增长获得资金的速度太慢,因此,企业通常通过吸引投资者获得资金,但这些资金会导致公司股权发生变化,进而影响公司的稳定和发展。

(3) 信息披露风险

新三板上市后,公司要全面、及时披露其经营信息,这是对投资者责任的履行。投资者据此对公司的价值和发展前景作出理性的判断。信息披露风险产生的原因主要来自三个方面：第一，当公司经营不善，财务表现不尽如人意时，公司管理者便可能伪造和公开虚假信息；第二，监管体系存在漏洞，执法部门监督不到位；第三，新三板现行监管制度重点是券商督导下的自律监督。新三板上市公司治理结构不完善、管理经验不足，导致信息披露规范性差、风险较大。

5.2.2 资本市场风险

除企业自身风险外，新三板也因为发展时间短、制度不完善等产生来自资本市场的风险，针对资本市场风险，本书分为交易制度风险和流动性风险两种类型。

（1）交易制度风险

新三板市场目前采取做市交易制度和协议转让制度并行的交易方式。新三板市场中的做市商制度主要基于中小企业的主体地位及资本市场发展程度来考虑，该制度的目的是通过双向买卖活跃二级市场，提高市场流动性，进而促进新三板市场的迅速健康发展。做市商制度在提高市场流动性的同时，由于其制度并不完善，存在的诸多问题，其不足之处也带来了不小的市场风险。首先，我国证券公司资产实力偏低，经营能力良莠不齐，并且当前证监会尚未建立起特别完善的风险管理体系，当市场流动性较低、做市资源较少，做市商自身利益与做市活动冲突时，做市商制度存在道德风险。道德风险在市场中的表现为：做市商通过相互对倒、操纵股价或砸盘等行为控制股价，从价差盈利变为资本利得盈利。其次，做市商存在违规风险，部分做市商存在只做市不交易、只挂牌不交易和低价转让给关系户等不规范的操作行为，从而损害投资者的利益和市场交易效率。目前的做市商规则规定只有券商具有做市商资格，在引入私募基金做市后，2019年上半年市场表现为：市场总成交额下滑的同时，做市商成交额显著增长，其同比增长率与环比增长率分别为21.97%和88.79%。而协议转让制度在完善公司治理机制和促进公司资本运作的同时，由于交易的不透明性，可能出现操纵股价等道德风险。

（2）流动性风险

资本市场的流动性是指能够以较低的交易成本在较短时间内完成一定数目的指令，同时对整个资本市场的价格产生较小影响的能力。流动性风险关系到资本市场的稳定性问题。企业挂牌新三板市场后开始进入资本市场，在享受便利的同时，也多了一层风险，目前困扰新三板的主要问题依旧是流动性问题，市场不活跃，即前期投入的资金无法快速退出，进而导致后续资金不敢贸然跟进，致使融资成本上升，融资效率下降。此外，新三板市场上出现两个极端，一部分企业流动性非常好，供不应求；另一部分企业的股票根本无人问津。流动性问题严重影响了企业的融资和新三板市场定价机制，使很多挂牌公司价值没有得到正确体现。随着科创板的迅速发展，资本市场的目光已经由新三板转移到科创板，同时新三板中的优质企业也开始准备转板。

5.3　新三板创新层与基础层面临风险对比分析

由于新三板市场的风险来源丰富，加之市场处于发展初期，抵御风险的能力和经验不足，存在并将长期存在较大的风险，本部分将基于全国股转公司定期发布的成长指数报告和信用风险报告，通过构建严谨的指标体系，将新三板市场的风险指标进行分层对比研究，客观地反映新三板挂牌公司的成长指数和信用风险水平，对风险做出预测，及时防范风险的发生。考虑到数据的可获得性和新三板市场的流动性不足问题，新三板样本的收益率序列多数为 0，可用样本较少，无法满足计算具体风险指标的数据要求，如 CoVaR 或 Garch（1,1）波动率等。由于数据获取问题，对于企业信息披露风险和资本市场风险交易制度风险本书未进行风险指标的定量分析。因此，本书采用定量分析风险指标的方法，从财务风险、企业自身经营风险和流动性风险三个角度对比研究 2016 年~2018 年我国新三板市场基础层和创新层的风险状况，数据均来源于东方财富 Choice 数据库。

5.3.1　财务风险

对企业自身财务风险的衡量，本书选取了流动比率（Current Ratio）指标。流动比率主要用于衡量企业自身债务清偿能力，其计算公式为：

$$\text{Current Ratio} = \frac{C/A}{C/L} \tag{5.1}$$

其中 C/A 指的是流动资产，是指预计在一个正常营业周期内或一个会计年度内变现、出售或耗用的资产和现金及现金等价物。C/L 指的是流动负债，是指企业在一年内或者超过一年的一个营业周期内需要偿还的债务合计。

在企业经营过程中流动性比率越高表明企业的资金流动性越强，企业的短期偿债能力越强，则企业面临的财务风险越小。但是，过高的流动比率意味着企业中存在大量资金滞留在流动资产并未合理利用，从而可能导致资金周转速度降低，企业获利能力下降等结果，不利于企业的经营。因此，通常认为企业的流动比率不宜过高也不宜过低，应当维持在1~2的区间内，流动比率为2左右比较好（本书选取区间1.5~2.5之间），表示公司有良好的短期偿债能力。通过对数据的收集整理，得到如图5-2~图5-4的旭日图。

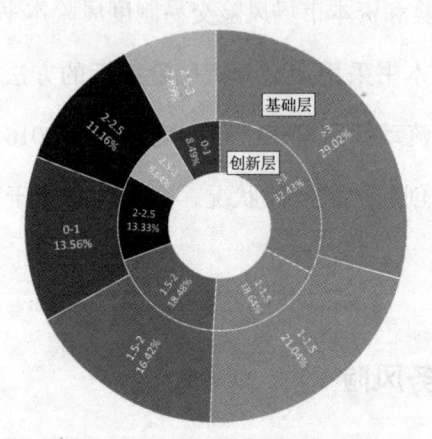

图5-2 2016年新三板市场流动比率旭日图

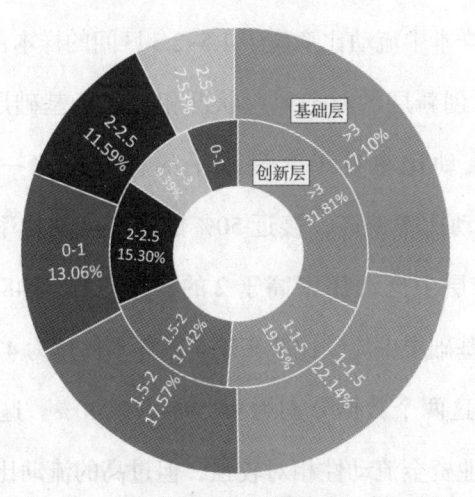

图 5-3　2017 年新三板市场流动比率旭日图

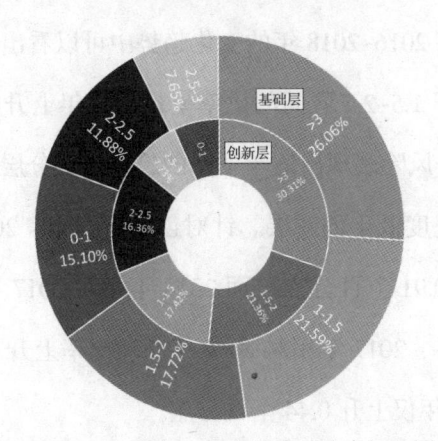

图 5-4　2018 年新三板市场流动比率旭日图

新三板中流动比率处于合理区间的比率不高，仅占全部样本的 1/3 左右。2016 年新三板基础层共有 8046 个研究样本，创新层共有 660 个研究样本，基础层样本中流动比率位于 1.5~2.5 区间的样本占比为 27.58%，创新层为 31.81%；2017 年新三板市场基础层共 8112 个样本，创新层共 660 个样本，基础层样本中流动比率位于 1.5~2.5 区间的样本占比为 29.16%，创新层为 32.72%；2018 年新三板市场基础层共 8069 个样本，创新层共 660

个样本，基础层样本中流动比率位于 1.5~2.5 区间的样本占比为 29.6%，创新层为 37.72%。创新层的财务风险状况相对优于基础层。从 2016~2018 年，创新层的流动比率处于合理水平的样本占比一直高于基础层。

多数企业流动比率偏高，接近 50% 的样本流动比率高于 2。具体来说，2016 年基础层中流动比率高于 2 的样本占比为 48.97%，创新层为 54.40%；2017 年基础层中流动比率高于 2 的样本占比为 47.22%，创新层为 56.50%；2018 年这两个数据分别为 45.59%、54.40%。这一结果表明，新三板创新层的企业资金流动性相对较强，但过高的流动比率使创新层企业资金周转速度变低，企业获利能力下降，企业经营有待改善。

从流动比率在 2016~2018 年的变化趋势中可以看出，我国新三板市场整体流动比率处于 1.5~2.5 区间的比率呈现出逐年上升的趋势，表明我国新三板市场的财务风险表现出逐年下降的趋势。从分层来看，基础层企业财务风险的下降速度低于创新层。针对创新层样本，2017 年相对 2016 年流动比率仅上升 0.91 个百分点，而 2018 年相对 2017 年则上升了 5 个百分点；针对基础层，2017 年相对 2016 年流动比率上升 1.58 个百分点，而 2018 年相对 2017 年仅上升 0.44 个百分点。

在正常经济环境下，企业盈利能力强劲，流动比率指标高可能无法显示出明显优势，但一旦遭遇经济波动，流动比率高的优势便凸显出来。因为从狭义角度讲，企业负债会直接导致财务风险，在大的经济环境不稳定的情况下，流动比率高的企业意味着短期偿债能力较强，债权人对债权收回有较大信心，企业投入资本保全率较高，有利于企业下一步融资，降低融资成本。但是，考虑到新三板企业大多属于高新技术行业，且处于初创期，流动比率过高表明企业资金没有得到充分利用，企业盈利能力不强。

财务风险产生的原因主要有以下三点：第一，财务系统的设计存在缺陷。由于新三板挂牌的公司多处在起步阶段，公司规模小，缺乏相关财务处理和业务管理经验，无法对财务制度进行全面评价，导致公司建立的财务体系不完善、不合理。第二，内部控制制度执行不到位。合理有效的内部设计可以为公司配置资源提供科学的指导，促进生产效率的提高。但是，新三板公司内部控制制度的不完善或现行制度不能严格执行，增加了企业出现财务风险的可能性。第三，税收筹划不合理，影响公司长远发展。部分新三板公司对小税种缺乏重视，不能依法纳税，导致出现税收风险。为了减少税收，某些企业甚至会采取特殊的会计处理方式等违规行为，这不仅不能反映公司真实的生产经营情况，而且会给企业带来涉税风险，造成负面影响，危害企业长期发展。

5.3.2 经营风险

经营风险是指受到生产经营变动或市场环境改变的影响，导致企业的市场价值变动的可能性。参照财政部发布的《国有资本金效绩评价规则》，对企业资产劳动状况的衡量，本书主要选择了总资产周转率（Total Asset Rate）指标，并将其作为企业自身经营风险指标，其计算公式为：

$$\text{Total Asset Rate} = \frac{TS}{ATA} = \frac{TS}{(A_0+A_1)/2} \quad (5.2)$$

其中 TS 指的是销售收入总额，指企业在销售商品、提供劳务等日常活动中所产生的收入总额。ATA 指的是平均资产总额，是指公司在某个时期里资产总额期初数与期末数的平均值，A_0 指的是期初资产总额，A_1 指的是期末资产总额。

总资产周转率能够体现企业资产的经营效果及使用效率的指标，因此，可用于衡量企业资产运营风险大小。当企业的总资产周转率较大时，表明总资产周转速度较快或周转天数较短，企业的经营能力强，即企业在经营过程中面临的经营风险较小。通过对 2016~2018 年数据的收集整理，得到如图 5-5~图 5-7 的雷达图。

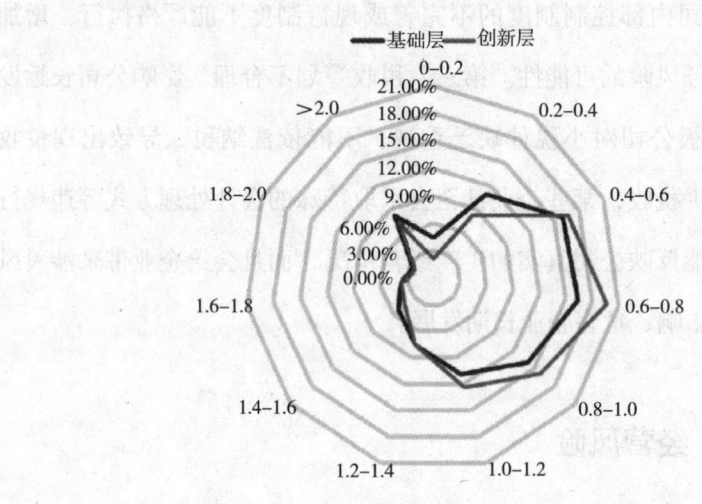

图 5-5　2016 年新三板市场总资产周转率雷达图

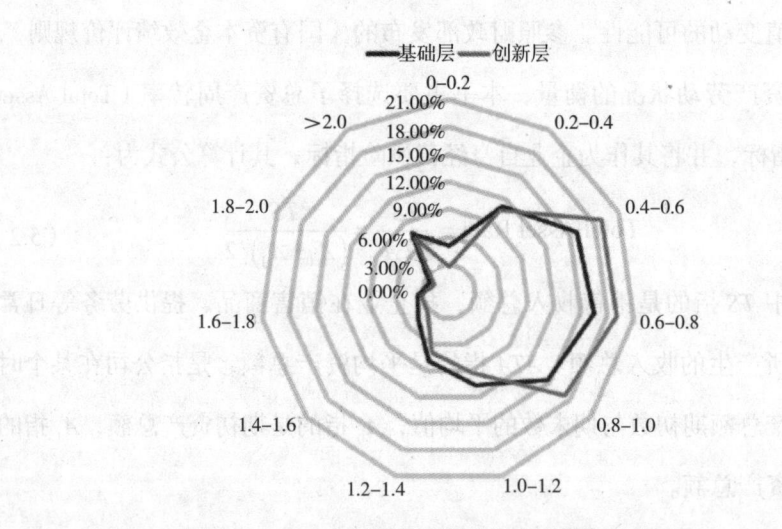

图 5-6　2017 年新三板市场总资产周转率雷达图

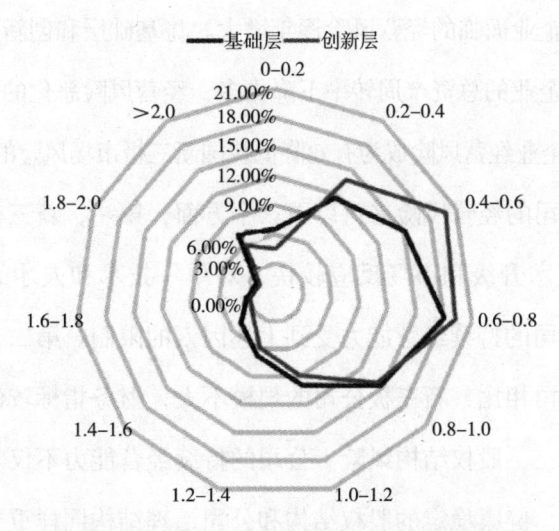

图 5-7　2018 年新三板市场总资产周转率雷达图

新三板样本总资产周转率主要分布于 0.4~1.0，50% 左右的样本位于这一区间。针对新三板基础层，2016 年样本企业为 7653 家，总资产周转率位于 0.4~1.0 的样本占比为 46.42%；2017 年样本数量为 8033 家，总资产周转率位于 0.4~1.0 的样本占比为 47.40%；2018 年样本数量为 8063 家，总资产周转率位于 0.4~1.0 的样本占比为 47.92%。针对新三板创新层，2016 年样本为 660，总资产周转率位于 0.4~1.0 的样本占比为 52.28%；2017 年样本为 660，总资产周转率位于 0.4~1.0 的样本占比为 55.30%；2018 年样本为 660，总资产周转率位于 0.4~1.0 的样本占比为 53.33%。从分层来看，创新层的总资产周转率高于基础层，表明创新层的经营风险低于基础层。但总资产周转率的整体分布仍为右偏，表明整体新三板的总资产周转率仍然有待提高。

然而，随着年份的增长，高总资产周转率的样本占比逐年降低。针对基础层，2016 年总资产周转率超过 1 的样本占比为 38.22%，2017 年为 36.83%，2018 年为 33.92%。针对创新层，2016 年总资产周转率超过 1 的样本占比为 37.42%，2017 年为 31.36%，2018 年为 28.34%。这一结果表明，我国新三板的企业面临的经营风险逐年增大。将基础层和创新层对比还可以看出，创新层企业的总资产周转率下降更多，经营风险恶化的速度更快。因此，防范化解企业经营风险成为有效降低我国新三板市场风险的有效途径。

新三板公司的经营风险来自以下三个方面，第一，新三板以高新技术企业为主，技术升级和市场反应较快，对单一技术和人才的依赖程度较高，因此，公司的持续经营能力受到上述因素的限制。第二，与主板和中小板的上市公司相比，新三板公司的规模不大，财务指标较低，抵抗风险能力较差。第三，股权结构风险。公司的持续经营能力不仅与业务能力和财务能力有关，健康稳定的股权结构和公司治理结构同样重要。部分新三板企业的股权结构，不利于调动股东积极性、提升公司经营业绩和维护公司稳定持续发展。

5.3.3 流动性风险

本研究选取股票年换手率（ATR）（%）作为流动性风险的衡量指标。通过计算股票在指定区间内的转手买卖的频率来对新三板市场的流动性风险加以衡量，该指标的计算公式为：

$$\text{ATR} = \sum_{i=1}^{T} TR_i = \sum_{i=1}^{T} \frac{V_i}{CS_i} \tag{5.3}$$

其中T指一年度中交易日的天数，TR_i 指的是该交易日股票的换手率，即在这一交易日内市场中股票转手买卖的频率，V_i 指在这一交易日内市场中股票的成交量，CS_i 指在这一交易日内正在交易所市场中流通的股票总数。

在资本市场中，流动性是指参与交易的资金相对于整个市场资本供给的占比情况，一般而言，换手率在3%~5%的区间是最为常见的情况，资本市场中不存在大资本的流动，当换手率在 5%~10% 的区间时，认为股票市场进入较为活跃的状态，有大资本的进出，当换手率大于 10% 时，意味着股票市场处于一种高度活跃的状态，此时整个市场面临的流动性风险将增大。通过对 2016~2018 年数据的收集整理，得到如图 5-8~图 5-10 的棘状图。

（a）基础层　　（b）创新层

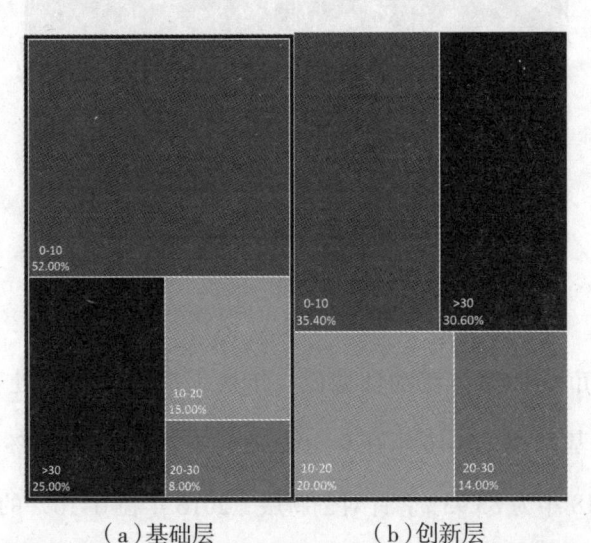

图 5-8　2016 年新三板市场年换手率棘状图

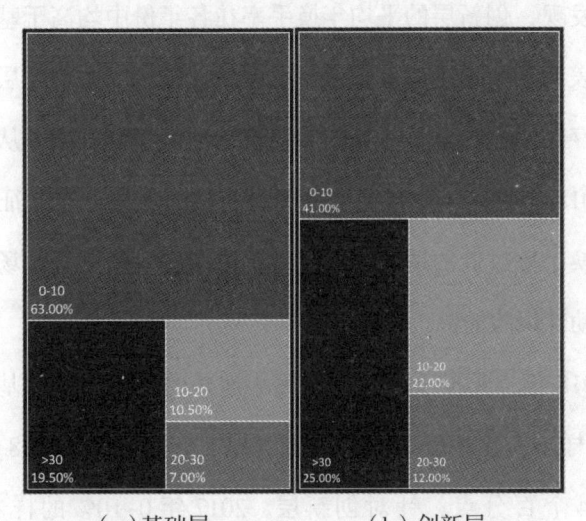

（a）基础层　　（b）创新层

图 5-9　2017 年新三板市场年换手率棘状图

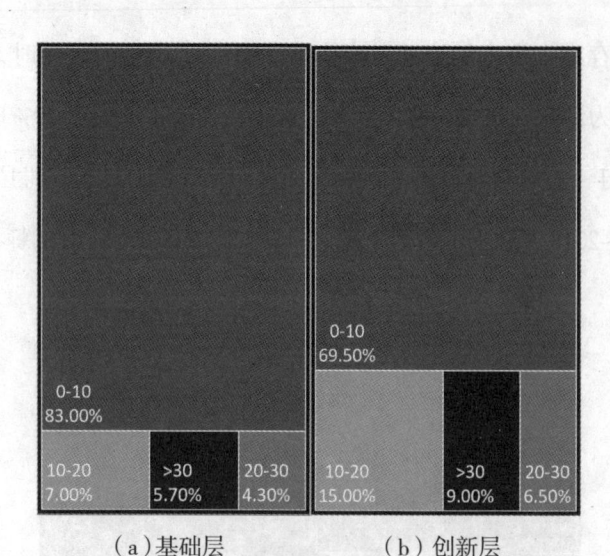

```
┌─────────────────────┬─────────────────────┐
│                     │                     │
│                     │   0-10              │
│                     │   69.50%            │
│   0-10                                    │
│   83.00%                                  │
│                     ├──────┬──────┬───────┤
│                     │10-20 │ >30  │20-30  │
├──────┬──────┬───────┤15.00%│9.00% │6.50%  │
│10-20 │ >30  │20-30  │      │      │       │
│7.00% │5.70% │4.30%  │      │      │       │
└──────┴──────┴───────┴──────┴──────┴───────┘
      （a）基础层              （b）创新层
```

图 5-10　2018 年新三板市场年换手率棘状图

　　新三板市场的整体流动性偏低，年换手率超过半数处于 0~10% 的水平。针对基础层，2016 年在 0~10% 的样本占比为 51.98%，2017 年为 63.69%，2018 年为 83.93%。针对创新层，2016 年在 0~10% 的样本占比为 36.37%，2017 年为 41.33%，2018 年为 69.47%。通过对比创新层和基础层的年换手率发现，创新层的平均年换手率在各年份中均高于基础层的平均年换手率，表明从平均角度上来说，我国新三板市场中创新层和基础层的流动性风险存在明显差异，并且创新层流动性好于基础层。从分布形态来看，2016~2018 年年换手率数据均呈现出明显的右偏分布特征，意味着市场中存在着换手率过低的情况。因此，总体来看，新三板市场的流动性仍旧不足，流动性风险较高。

　　2016~2018 年，年换手率呈现出逐年递减的趋势。针对基础层，2017 年 0~10% 的样本占比相较 2016 年增加 11.71 个百分点，2018 年相对 2017 年增加 20.24 个百分点。针对创新层，2017 年 0~10% 的样本占比相较

2016年增加4.62个百分点，2018年相对2017年增加28.14个百分点。基础层和创新层的企业年换手率均表现出0~10%区间的样本逐渐增加的特征，流动性都在下降，且下降的速度有变快的趋势。

现阶段，新三板市场投资门槛较高，流通股不多，做市范围较小，新三板所面临的流动性风险主要来自以下几个方面。第一，投资者进场门槛高，数量有限。针对个人和机构投资者，规定设置的门槛为500万元，目的是让更具有经验的机构投资者进入新三板市场，散户无法进入市场。因此，严重损害了以散户为主要投资者的我国资本市场的流动性。第二，受股灾影响，国内经济下行压力大。国内经济下行导致公司基本面恶化，投资者多选择持币观望，市场的交易量下降，资金流动性出现危机。第三，一级市场和二级市场的相互影响。因为新三板公司的股票缺乏流动性，股票价格与价值偏离程度大，部分以股票为质押标的的二级市场活动难以开展。

5.4 新三板市场分层的金融风险传染分析

为研究我国新三板市场的金融风险传染问题，本书运用方差分解（Diebold和Yilmaz，2012）[167]与复杂网络技术来研究新三板市场不同层次之间的风险溢出效应。首先，选取新三板市场各层次中交易最活跃的上市公司作为研究层次间风险溢出效应的代表。根据历史交易数据构建收益率序列：

$$r_t = \ln P_t - \ln P_{t-1} \tag{5.4}$$

其中，P_t 为公司股票第 t 天的收盘价，P_{t-1} 为第 $t-1$ 天的收盘价。

然后，根据股票收益率序列构建含有 N 个变量的向量自回归过程 VAR $(P) x_t = \sum_{i=1}^{p} \phi_i x_{t-i} + \varepsilon_t$，其中 $\varepsilon \sim (0, \Sigma)$ 是一个独立同分布的随机向量。将该向量自回归过程写成移动平均过程形式为 $x_t = \sum_{i=0}^{\infty} A_i \varepsilon_{t-i}$，其中 A_i 为 $N \times N$ 维估计系数矩阵，服从递归式 $A_i = \phi_1 A_{i-1} + \phi_2 A_{i-2} + \cdots + \phi_p A_{i-p}$。基于 Diebold 和 Yilmaz（2012）[167]，公司 j 对 i 的风险溢出效应为：

$$\theta_{ij}^g = \frac{\sigma_{jj}^{-1} \sum_{h=0}^{H-1} (e_i' A_h \Sigma e_j)^2}{\sum_{h=0}^{H-1} (e_i' A_h \Sigma A_h' e_j)} \quad (5.5)$$

其中，Σ 为 ε 的协方差矩阵，σ_{jj} 为向量自回归模型中第 j 个公式中残差项的标准差，e_i 是选择向量（the selection vector），其第 i 个元素为 1，其他元素为 0；H 为向量自回归模型向前预测的展望期；$i, j = 1, 2, \cdots, N$。

所有的溢出效应 θ_{ij}^g 构成一个溢出效应矩阵 $S = [\theta_{ij}^g]_{N \times N}$。本书将根据溢出效应矩阵 S 构建新三板层次之间的风险溢出复杂网络。考虑到 θ_{ij}^g 表示公司 j 对 i 的溢出效应，以及构建复杂网络所需邻接矩阵的特性，本书将溢出效应矩阵 S 进行转置 $\tilde{S} = S^T$，即溢出效应矩阵 $\tilde{S}$ 中的元素 θ_{ij}^g 表示公司 i 对 j 的溢出效应。进而，将溢出效益矩阵中的溢出效应指数进行归一化处理，即

$$\tilde{\theta}_{ij}^g = \frac{\theta_{ij}^g}{\sum_{i=1}^{N} \theta_{ij}^g} \quad (5.6)$$

本书用风险溢出效应矩阵 $\tilde{S} = [\tilde{\theta}_{ij}^g]_{N \times N}$ 分析新三板层次间风险溢出效应，并以此建立风险传染复杂网络研究新三板市场代表性公司的风险

传染。以效应矩阵 $\tilde{S} = [\tilde{\theta}_{ij}^g]_{N \times N}$ 构建的复杂网络是全连接网络,该复杂网络具有较大的噪声。因此,本文采用阈值法构建风险传染网络,选取 $\tilde{S} = [\tilde{\theta}_{ij}^g]_{N \times N}$ 0.9 分位数作为阈值,将所有的溢出指数 $\tilde{\theta}_{ij}^g$ 与阈值作比较,若 $\tilde{\theta}_{ij}^g$ 小于阈值,则删除全连接网络中节点 i 指向节点 j 的连边。留下的连边构成的复杂网络为本文用于分析风险传染效应的金融网络。

采用溢出指数计算方法,基于 VAR 模型改进的 Cholesky 方差分解构造新三板基础层与创新层之间风险溢出效应。由于新三板市场中的股票流动性普遍较差,较差的流动性会使得股票价格中的信息含量较低、噪声较大,为了缓解股票低流动性对研究造成的干扰,本小节分别在新三板的基础层和创新层选取了 2016 年 6 月 27 日至 2018 年 12 月 24 日交易最活跃的 10 家上市公司进行建模分析,样本的信息见表 5-1。

本节建模计算的新三板中基础层和创新层间的风险溢出水平的结果如表 5-2 所示。其中,表中各行表示某公司对外风险溢出效应,各列表示某公司受到其他公司风险溢出的影响。溢出效应矩阵中数值大小表示风险溢出效应的大小,sum 为层次内后层次之间的风险溢出效应的汇总,contri to others 表每个公司对其他公司风险溢出影响的总大小,from others 代表每个公司受所有其他公司风险溢出值的加总。

表 5-1 样本公司

基础层			创新层		
代码	公司名称	名称简写	代码	公司名称	名称简写
430003.OC	北京时代	BHSD	430005.NQ	原子高科	YZGK
430004.OC	绿创设备	LCSB	430014.NQ	恒业世纪	HYSJ
430009.OC	华环电子	HHDZ	430017.NQ	星昊医药	XHYY
430010.OC	ST 现代	STSD	430021.NQ	海鑫科金	HXKJ
430015.OC	ST 智城	STZC	430037.NQ	联飞翔	LFX

续表

基础层			创新层		
代码	公司名称	名称简写	代码	公司名称	名称简写
430016.OC	ST 胜龙	STSL	430038.NQ	信维科技	XWKJ
430027.OC	北科光大	BKGD	430046.NQ	圣博润	SBR
430033.OC	彩讯科技	CXKJ	430051.NQ	九恒星	JHX
430055.OC	中电达通	ZDDT	430057.NQ	清畅电力	QCDL
430084.OC	星和众工	XHZG	430074.NQ	德鑫物联	DXWL

从表 5-2 可以看到，首先，各层次对自身的风险溢出水平要大于各层次对其他层次的风险溢出水平，如基础层对基础层的总风险溢出水平为 956.62，而对创新层的总风险溢出水平只有 185.57，创新层对创新层的总风险溢出水平为 814.43，而对基础层的总风险溢出水平只有 43.58。其次，创新层受其他层次的风险溢出影响的敏感程度要高于基础层受其他层次的风险溢出影响的敏感程度，一方面说明了创新层对来自新三板其他层次市场的风险更为敏感，另一方面也说明基础层在风险传染过程中对其他层次影响更大。最后，总体来看，基础层对自身和其他层次市场的总风险溢出为 312.51，大于创新层对自身和其他层次市场的总风险溢出 98.80，基础层受自身和其他层次市场的风险溢为 170.33，小于创新层受自身和其他层次市场的总风险溢出 240.98，说明在新三板市场风险传染过程中，基础层的风险传播能力较强而创新层的风险敏感度较强。

表 5-2 对风险在新三板各层次市场之间溢出效应进行了整体描述，下面本书将通过金融风险传播网络的构建，进一步认识风险在新三板市场中的传播特征和规律。将表 5-2 表示的风险溢出矩阵作为邻接矩阵构建网络，溢出效应大小作为连边的权重。由于此时的网络为全连接网络，为降低网络关系中噪音的影响，以及更清晰地描述公司间风险传染关系，本书采用前面描述的阈值法对该全连接网络进行连边删减，只保留主要连边。

将表 5-2 中所示的溢出效应值的 0.9 分位数作为阈值，若某溢出效应 $\tilde{\theta}_{ij}$ 小于该阈值，则删除全连接网络中节点 i 指向节点 j 的有向连边。进行连边删除后的网络如图 5-11 所示。图中节点为选出的新三板基础层和创新层的代表性公司，节点标签和表 5-1 一致。网络中节点的大小表示该节点在网络中的连接度，连接度大的节点较大。图中有向连边的粗细表示溢出效应的大小。

观察图 5-11 可以看到：首先，最大的五个节点分别为 LCSB、STZC、STSD、YZGK、STSL，这五个节点代表公司除了 YZGK 来自创新层外，其他四个均为基础层的公司。这意味着相对来讲基础层的公司具有较高的系统重要性；也说明具有较高对外溢出水平的公司主要来自基础层，基础层的公司在对外风险溢出中具有强的影响力。其次，各边箭头指向最多的节点 YZGK、DXWL、SBR 等节点多为创新层的公司，说明创新层在风险传染网络中更容易受到风险溢出的影响且敏感性较高。最后，可以发现在创新层也有 YZGK 这种同时具有高溢出水平和敏感水平的公司，虽然数量较少但应重视它在风险传播网络中作用。

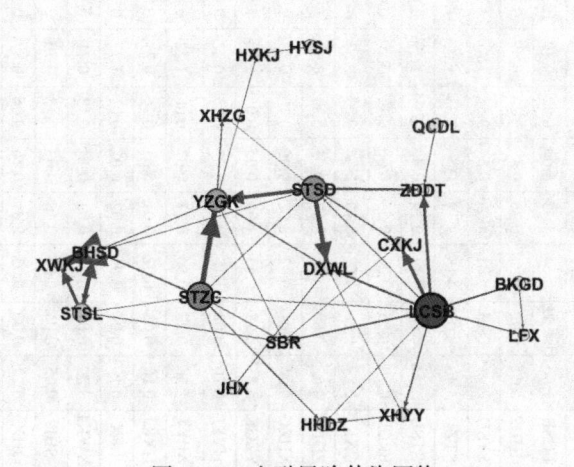

图 5-11　金融风险传染网络

注：节点大表示连接度高；连边粗表示溢出效应大。

表 5-2 新三板市场基础层与创新层之间风险溢出表

		基础层											创新层									
		BHSD	LCSB	HHDZ	STSD	STZC	STSL	BKGD	CXKJ	ZDDT	XHZG	sum	YZGK	HYSJ	XHYY	HXKJ	LFX	XWKJ	SBR	JHX	QCDL	DXWL	sum	To others
基础层	BHSD	70.28	0.03	0.45	0.51	0.14	7.01	1.32	0.82	0.65	0.13	81.34	0.06	0.24	1.40	0.95	1.18	28.19	1.03	0.76	0.34	1.23	35.39	46.44
	LCSB	1.46	94.69	2.64	3.46	3.00	0.22	6.19	10.91	8.91	1.93	133.40	0.89	0.84	4.83	1.80	4.49	1.64	5.54	0.69	1.16	6.81	28.70	67.41
	HHDZ	0.67	1.82	88.39	0.26	0.42	0.20	0.55	0.24	0.37	0.38	93.31	0.12	0.09	3.29	0.84	1.67	2.06	0.81	0.23	0.57	1.24	10.92	15.84
	STSD	2.98	0.45	0.81	90.26	0.54	0.38	1.27	4.68	7.59	2.30	111.26	11.52	0.98	1.68	0.58	0.48	2.14	0.51	0.49	0.28	14.23	32.90	53.90
	STZC	5.40	2.05	4.18	3.19	93.91	2.83	1.02	1.91	1.27	2.03	117.79	16.68	0.56	2.21	2.12	2.07	1.12	3.43	3.00	0.82	2.13	34.15	58.03
	STSL	12.68	0.03	0.13	0.14	0.96	86.94	1.29	0.80	1.81	0.41	105.21	0.06	0.98	0.13	0.57	1.07	10.26	3.44	0.53	0.97	0.31	18.32	36.58
	BKGD	0.10	0.05	0.04	0.05	0.06	0.12	78.51	0.47	0.36	0.33	80.10	0.11	0.07	0.18	0.43	3.61	0.36	0.87	0.57	0.24	0.30	6.74	8.33
	CXKJ	0.29	0.06	0.17	0.30	0.06	0.27	0.53	74.09	0.06	0.65	76.47	0.00	0.02	0.22	0.11	0.57	0.27	2.37	0.38	0.22	0.68	4.84	7.22
	ZDDT	0.05	0.09	0.02	0.07	0.05	0.82	0.96	1.10	68.72	0.11	72.01	0.08	0.31	0.30	0.33	0.43	0.77	0.19	0.42	0.52	1.51	4.86	8.16
	XHZG	0.04	0.01	0.42	0.02	0.05	0.10	0.33	0.41	0.48	83.87	85.73	0.01	0.10	0.90	1.78	1.52	0.18	1.86	0.13	0.08	2.18	8.75	10.60
创新层	YZGK	3.63	0.17	0.43	1.05	0.05	0.05	1.92	1.49	1.34	0.40	14.53	69.96	0.59	0.28	2.80	0.75	0.71	2.76	0.68	0.09	4.36	83.00	27.57
	HYSJ	0.10	0.03	1.18	0.15	0.02	0.13	0.22	0.43	0.28	0.16	2.69	0.04	94.09	1.07	3.24	0.64	0.37	1.42	0.24	0.53	0.91	102.53	11.13
	XHYY	1.36	0.23	0.50	0.21	0.07	0.08	1.22	0.86	1.30	0.27	6.11	0.12	0.15	82.78	1.50	1.15	0.87	1.33	1.09	0.23	2.46	91.66	14.99
	HXKJ	0.10	0.03	0.02	0.01	0.01	0.15	0.27	0.07	0.47	0.29	1.43	0.03	0.17	0.10	80.78	0.66	0.06	0.63	0.13	0.26	0.36	83.18	3.83
	LFX	0.10	0.04	0.05	0.02	0.05	0.01	1.77	0.29	0.24	0.25	2.82	0.02	0.03	0.22	0.32	76.33	0.31	0.91	0.30	0.17	0.52	79.11	5.61
	XWKJ	0.25	0.01	0.09	0.03	0.14	0.13	0.71	0.18	0.26	0.21	2.03	0.04	0.02	0.04	0.38	0.61	49.13	1.38	0.43	0.06	0.33	52.42	5.32
	SBR	0.05	0.06	0.06	0.10	0.03	0.12	0.30	0.50	0.31	0.93	2.44	0.08	0.10	0.04	0.22	0.97	0.24	68.27	0.13	0.07	0.67	70.80	4.97
	JHX	0.22	0.00	0.03	0.01	0.26	0.06	0.87	0.24	1.19	0.15	3.05	0.10	0.09	0.11	0.06	0.18	0.87	0.99	89.54	0.12	3.53	95.59	9.09
	QCDL	0.19	0.12	0.31	0.03	0.04	0.29	0.60	0.29	3.56	1.08	6.51	0.01	0.53	0.15	1.06	1.36	0.37	1.73	0.16	92.74	0.83	98.94	12.72
	DXWL	0.03	0.01	0.08	0.13	0.14	0.09	0.14	0.21	0.84	0.11	1.78	0.08	0.03	0.06	0.13	0.25	0.07	0.53	0.11	0.54	55.41	57.20	3.57
	from others	29.72	5.31	11.61	9.74	6.09	13.06	21.49	25.91	31.28	16.13	170.33	30.04	5.91	17.22	19.22	23.67	50.87	31.73	10.46	7.26	44.59	240.98	

5.5 新三板市场分层金融风险防范政策建议

在对分层资本市场金融风险来源及特征进行系统分析的基础之上，本节梳理新三板市场为防范金融风险当前采取的相关措施，在此基础上结合我国新三板市场风险的自身特征，提出能够有效化解我国新三板市场风险的金融风险防范政策设计，为推动我国分层资本市场良好发展提供政策建议。

5.5.1 防范和化解新三板市场金融风险的现行措施分析

（1）新三板分层制度

为了更好地完善市场功能，降低投资者信息收集成本，提高风险管控能力，审慎推进市场创新，全国股转公司结合市场反馈意见，在前期《挂牌公司分层方案（征求意见稿）》基础上，制定了《全国中小企业股份转让系统挂牌公司分层管理办法（试行）》，于2016年5月27日发布施行。将新三板暂时分为基础层和创新层，根据上市企业所属层级的不同，在交易制度、发行制度及信息披露等方面进行差异化管理，从而更有针对性地提出监管要求和更好地为中小微企业提供融资、交易、并购、发债等方面的金融服务，以促进新三板市场持续、健康发展。与此同时，在每年的4

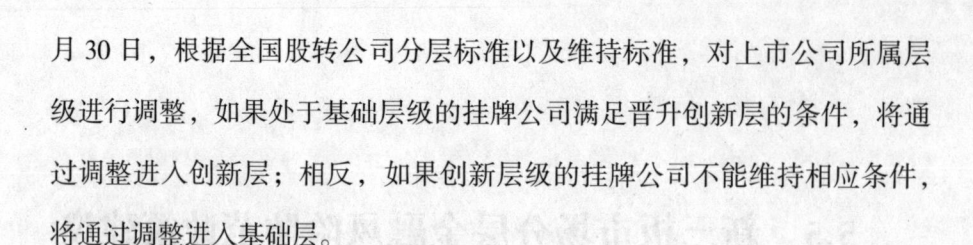

月30日，根据全国股转公司分层标准以及维持标准，对上市公司所属层级进行调整，如果处于基础层级的挂牌公司满足晋升创新层的条件，将通过调整进入创新层；相反，如果创新层级的挂牌公司不能维持相应条件，将通过调整进入基础层。

（2）申请挂牌公司高管培训会制度

为了提升公司挂牌后的规范发展意识，提高公司治理水平，防范违规风险，全国股转公司定期举办"申请挂牌公司高管培训会"，培训内容涉及审查流程与审查关注点解读、资本市场规范运作、交易监察制度解读、挂牌公司财务规范性解读和持续督导业务实务等内容，申请挂牌公司需在培训后参加考试，至少有1人考试合格后方可办理后续挂牌手续。

（3）新三板挂牌公司商誉减值风险排查和管理

2018年11月16日，证监会发布《会计监管风险提示第8号——商誉减值》，在此之后，全国股转公司及时对挂牌公司和中介机构进行培训，并对挂牌公司的商誉情况进行摸底排查和风险评估，对相应的行为采取严格监管措施。具体监管措施如下：

第一，要求挂牌公司根据相关规定关注公司商誉减值迹象，并及时进行减值测试，规范商誉的会计处理。

第二，重点审查2018年年报中存在商誉的公司，特别是关注其是否充分披露商誉所在资产组相关信息、商誉减值测试的相关依据和方法，以及业绩承诺的完成情况等重要信息。

第三，要求主办券商在日常监管中对于高商誉公司进行重点监控，督促公司在知悉标的资产业绩下滑或存在无法完成业绩承诺等情况时，及时通过临时报告揭示风险。

第四，全国股转公司采取公开问询等方式，针对会计处理不规范、信息披露不完善的公司，一旦发现违规行为，及时采取自律监管措施。

5.5.2 基于分层资本市场金融风险防范的政策建议

（1）适时推出转板退出机制，促进新三板市场良性发展

多层次的资本市场离不开各个市场间的协作与流动，而成熟的多层次资本市场离不开转板退出机制。即优质的新三板企业有机会通过转板机制，进入到主板或创业板中，以实现融资等目的，获得更好的资本市场便利。同样，对于发展迟缓的主板或创业板企业需要接受市场的选择，进行退市或者转入新三板，从而降低投资者价值投资的"噪声"。作为资本市场的重要组成部分，新三板市场承担着承上启下的特殊责任，因此，新三板市场的相关制度的制定将影响市场转板的有效性。但从目前来看，新三板没有转板的绿色通道，也没有和区域股权市场对接的系统制度安排，新三板所在的挂牌企业若要想在主板或创业板上市，必须先摘牌，再通过相应的IPO程序上市。程序上的因素导致一些优质的新三板企业即使在达到了主板或创业板的上市条件，也只能通过先退出新三板，再重新上市的形式完成转板。这在一定程度上降低了资本市场资源配置的效率，影响企业成长的同时，也影响了一些企业的上市选择。优质的、具有发展潜力的或是有长远上市规划的中小型企业由于程序上的繁琐，在满足新三板上市条件时，并不会选择新三板上市以达到融资的目的，这在一定程度上降低了新三板市场的影响力及市场活跃度。

因此，建立完善、规范的转板机制，不仅可以在一定程度上促进企业

的可持续发展，也有利于资本市场资源配置效率的提高及资本市场的良性发展。在转板退出制度上，需要注意以下三个方面：

第一，新三板市场要有接受区域股权市场中优质资源的功能。即通过制度上的安排，将区域股权市场中符合相应条件的企业直接转板为新三板，这在一定程度上增加了新三板市场资源配置，可极大程度地促进新三板的发展，与此同时，也将极大程度地增加区域股权市场对中小微企业的吸引力。因此，各个层次的资本市场将实现协作与流动，带动资本市场的整体效率大大提高。

第二，完善发行制度和摘牌制度。完善市场的转板机制应当建立在市场化的上市制度和退市制度的基础上。从目前来看，上市制度和退市制度发展较为完善的当属我国的新三板市场。在未来的发展中，新三板市场的发行与摘牌可以借鉴纳斯达克的相关规定，在发行上实行灵活多元的挂牌标准，在摘牌上也可以适当地提高要求。与此同时，制度上也要为摘牌后的新三板企业提供转板区域股权市场的相应通道，避免企业因摘牌导致资金链断裂，进一步造成资本市场的波动风险。

第三，在构建区域股权市场向新三板的转板机制基础上，制定企业由新三板向创业板的转板机制。企业在新三板挂牌的主要目的是要进入创业板进行融资和流通，企业若要实现由新三板到创业板或主板的直接转板，不仅需要市场制度的顶层设计，而且离不开证券法的修订及注册制的改革等，才能达到高效资本市场需求在不同层次资本市场之间相互流通的最终目的。而与此相比，区域股权市场和新三板市场都是主要面对中小微企业，并在P2P等业务上存在一定的重合，因此，实现区域股权市场与新三板之间的有效对接更具有可操作性。区域股权市场与新三板之间的转板制度的设计主要基于以下两方面的考虑：一是可以为新三板摘牌的企业提其他的融资去处，避免因摘牌导致的资金链问题；另一方面是能够在制度上提高优秀资源的流动效率，激励区域股权市场中的优质资源流向更高层市场，进而实现市场资源配置效率的提高。而现行区域股权市场存在的各自为政、割裂发展的现状，这是建立区域股权市场与新三板转板制度的重要阻碍，应建立区域股权市场与新三板市场间统一的监管制度和交易结算制度，建立统一的四板市场。进一步精简新三板企业的转板流程，完善交易制度及投资者畅通的退出机制，使存量资金能够在多层次资本市场中实现快速循环，提高资金效率，降低资本市场风险。

（2）丰富机构投资者的类型，提高市场交易者的数量

目前我国新三板市场中机构投资者占比较少，但是大部分交易量是由机构投资者贡献的。这主要是两方面原因导致的：一是新三板市场的投资者适当性制度限制了投资者结构的多元化，机构投资者范围不仅较窄，同时机构投资期限短，这直接导致当前新三板市场相关机构投资者数目不足，价值投资较少。二是自然人投资者以新三板挂牌公司的高级管理人员、主要股东，抑或是企业的核心人员为主，而真正带动市场流动性的交易投资者数量不足，信息披露的不规范、不健全也损害了投资者交易的积极性。对此，应当优化交易机制，改善新三板市场的分层管理制度，在制度上适当提高投资者市场准入条件，吸引更多各种类型、高水平、高质量的投资者积极参与到新三板市场中，进一步扩大新三板市场在资本市场中的影响力，提高新三板市场的活跃度与流动性，进而为上市企业提供长期资金支持，最终提高资本市场的资源配置效率。

另外，要逐步完善资本市场基础制度，健全多层次资本市场体系，大力发展机构投资者，提高直接融资特别是股权融资的占比。首先，引导各类资产管理机构建立长短期相平衡的考察机制，减少为了打造明星产品而

盲目扩张管理规模的行为，鼓励其合理有序地扩大管理规模，保障投资者利益。其次，简化投资管理人资质的审核批准程序，引入市场决定机制因素，完善准入和退出机制。最后，在提高市场交易者数量的同时，更应注重提高其质量。当前国内的证券公司仍高度依赖通道业务，需要提升证券公司综合服务水平，积极发展财富管理业务，支持本土机构打造国际一流投资银行和财富管理机构。

（3）健全信息披露制度，减少新三板市场信息不对称风险

新三板市场中企业的信息披露的程度和质量直接会影响投资者对企业的判断和投资的积极性，进而会对市场的流动性产生影响，通过优化信息供给，可以提升投融资效率，增强投资者的积极性。健全信息披露机制，需要注意以下五个方面：

第一，注重披露投资者需要的信息，而非面面俱到地披露过多的信息。企业经营等方面的信息是企业基本生存与发展的基础，也是投资者决定是否投资企业的重要因素，因此，企业经营等方面的信息是投资者最为关注的。所以，企业应当格外注重披露企业经营等方面的相关信息，其中包括企业经营模式及治理结构等。通过披露信息，突出企业核心竞争优势，与此同时，还应充分提示企业经营中可能存在的风险和所采取的风险应对管理措施。但也需要注意过多的信息披露可能导致企业负担增加，效率低下。

第二，强调强制性信息披露与自愿性信息披露相结合的原则。由于新三板市场上市企业多样性，统一标准的信息披露是不合理且不现实的。因此，在制定信息披露规则时需要建立统一标准的信息披露框架，规定企业需强制性披露的内容与自愿选择披露的内容，建立强制性信息披露和自愿性信息披露相结合的信息披露原则。一刀切的信息披露标准可能会带来监

管困难，也有可能直接影响到企业的生产经营状况。

第三，对上市企业进行分层管理。所谓分层管理，即考虑新三板市场上市企业多样性特点，上市企业数量逐年增加的情况。根据新三板企业所处发展阶段、所处行业等，对处于不同层级的企业进行有差别的信息披露。从企业发展阶段的角度来考虑，对于经营模式与治理经验相对成熟的上市企业，可以适当地披露相对较多的内容；而对于发展初期相对脆弱的中小微企业而言，由于其经营模式不稳定、公司治理不完善等特点，可以适当地减少强制披露的信息，达到保护企业良性发展的目的。

第四，加强对上市企业信息披露的监管力度。加大上市企业的监管力度，丰富处罚手段和措施，在惩罚信息披露过程中违规企业的同时，也要对相关责任的券商进行一定程度的处罚。

第五，强调券商等中介机构在信息披露工作中的作用。在企业挂牌前后，主办券商等中介机构主要负责督导企业信息披露的工作，因此，券商等中介机构的尽责程度在一定程度上会对企业的信息披露产生影响。所以，可以通过一些制度对中介机构进行约束，进一步达到实现企业合理信息披露的目标。在对中介机构进行约束时，可以考虑罚款、计入考核档案、限制经营业务等惩罚措施，处置信息披露督导中不尽责的券商，将券商的信息披露尽责程度与其利益挂钩，增强券商对挂牌企业信息披露的责任，强调对企业信息披露的责任，从而增强券商等中介机构对上市企业信息披露的重视，进而达到提高新三板上市企业信息披露的质量，去除市场"噪声"，提高资源配置效率。

（4）完善做市商制度，减少新三板市场交易制度风险

新三板上市标准要求挂牌企业的做市商数量较多，但是市场上做市商的总数较少，提升了企业挂牌的难度，同时新三板市场也缺乏做市商竞争

与激励机制。国外做市商的利益实现主要基于信息获取与股票获得上的优先权,它可以以低成本达成交易。但是,我国现行制度还不能满足上述特征,从而做市商交易要承担较大风险,这导致没有形成良好的激励机制。此外,新三板市场缺乏的做市商数量会引起报价的提高,使投资主体的利益遭到损害。所以,激励机制的引入能够补充做市商制度,能够促进做市商的实力,带动该领域发展,激发做市商在新三板市场上的作用。

在新三板挂牌企业中,协议转让为主要方式,而做市转让只占五分之一以下。协议转让则是交易双方自主协商价格,通过全国股转系统达成交易。虽然其定价不受限制,易于套现,但真实价值未必为成交价。此外,它还有流通性差、股价波动大等缺点。做市商转让则是将客户视为交易对手,它能反映出企业的市场价值。做市转让刺激了新三板市场,增加了市场交易的流动性,应该推进协议转让和做市转让并存式结合,促进良性发展,一方面,全力推动做市转让,放开做市商资格,拓展实施做市业务的各个机构,如保险、基金、QFII等,丰富做市商形式;另一方面,协议转让也应保留并对其改革,包括设立报价价格管控预警,限制价格区间,防止股价异常波动等风险。

做市商制度不能从根本上解决新三板市场的流动性不足风险,体现在:首先,新三板做市不需要IPO,从而做市商缺少二级市场的动力;其次,二级市场会被一级市场的大额收益所挤占,导致新三板市场流动性不足的风险。因此,竞价交易模式被提出并推崇,由于新三板市场不设涨跌幅限制,实行"T+0"制度,它能够活跃市场交易,增加流动性,提高企业的估值效率与水平。竞价交易也应该伴随做市商制度一起发挥作用,在完善做市商制度的同时,吸取国外资本市场经验,建立适时的竞价交易制度与模式。此外,竞价交易达成大规模交易量还需保证股权分散,信息披露充分，但是新三板市场挂牌企业股权集中度较高，交易双方存在信息不对称，从而容易产生价格操纵风险。因此，该市场的企业需以充分的信息披露作保证，才能使竞价交易更具效率。

自2014年新三板采用做市转让以来，提升市场交投活跃度的同时，也导致了一些"做市乱象"的发生，这足以说明做市商的执业水平亟待提高，做市商制度有待完善。首先，严格做市商的准入门槛，保证其专业能力和资质水平，实现做市业务的高效、有序运行。其次，需要放开非券商机构做市，建立科学合理的做市商竞争机制，有助于增加做市服务的供给，形成良性竞争机制。最后，需要进一步强化对做市商行为的监督，防止其利用市场优势地位从事损害挂牌公司和投资者合法权利的行为，监管部门必须提高警惕，及时发现并处以严厉处罚，用制度的力量使做市商规范履职、勤勉尽责。

（5）拓展新三板市场，探索创新分层平衡市场风险

现行新三板市场发展主要存在两类问题，第一，一些基础层企业遇到了发展瓶颈，其融资效率与财务状况均已饱和；第二，做市企业与基础层企业财务风险较高。做市商等制度的建立在起到积极作用的同时，还应坚定推进并不断创新。例如，细化新三板分层以对接中小板与创业板，在新三板市场上建立精选层，力争把精选层打造为小特精专企业聚集地。将该层企业的挂牌标准与中小板、创业板相统一，以增强投资者信心，增加流动性；针对创新层企业，应加强其准入条件，严进宽出，加强企业的财务风险评估，并考虑各个行业的特性和国家政策需要；关注市场的底层企业，调研其所存在的问题，对退市企业严格审查，帮助新挂牌企业度过适应期。新三板市场的分层不能仅依靠财务指标，换手率、交易规模等交易流动性指标也能够作为划分依据。分层也不仅局限于交易制度，核心是在

平衡市场风险的前提下，对准入、信息披露、融资方式等方面完成差异化安排。最上层的企业成长性好，各项财务指标平稳，信息披露较为充分，可以采用竞价交易，降低投资者的准入门槛；中间层企业则达不到竞价交易条件，但两家以上做市商愿意依据相关制度，采取做市商交易，此时信息披露程度相较于前者下降，投资者门槛也随之升高；基层企业则不能满足竞价交易且没有足够数量的做市商，只能采用协议交易，信息披露最不充分，信息不对称程度严重，投资者的门槛最高。此外，分层管理并不意味着企业将永远属于某一层次，它们可以在满足底线监管的条件下自主选择升层或降层。这种做法有利于增强资本市场的运行效率，提高新三板市场各类型企业水平，益于市场监管，拓展市场创新发展空间。

（6）建立健全监控机制，确保新三板市场风险有控

新三板市场的制度安排，应当通过高效的监控机制，实现由宽到严的逐步引导和监管标准的弹性空间。建立健全的新三板市场监管的必要性在于，加速扩容阶段的发展和准入制度的宽松所带来的高风险性和强投机性。但与此同时，应该注意加强监管所带来的各种负面影响。首先，新三板上市公司引入外部投资者，外部投资者对投资回报的满意与否体现在股价的"用脚投票"上，这将直接影响到股份的稳定，进而影响整个资本市场的稳定性。其次，资本市场中企业的经营模型已由以往的实业运作模式转变为资本运作模式，因此，企业主的思维方式和经营能力显得格外重要。另外，企业的资本运作需要及监管要求等产生的一系列费用，如信息披露、年报审计等一系列中介费用，对新三板上市企业来说也是一笔不可忽视的成本。因此，应该合理制定监管标准，同时积极引导企业发展，减少监管对企业的负面作用。

各地区证监局定期组织和开展新三板市场风险排查工作，促进辖区内

的资本市场稳定健康规范发展。主要从以下三个方面开展工作：第一，增强风险意识，做好风险自查。定期向辖区内的新三板挂牌公司传达专项通知，提醒公司管理者务必重视风险自查工作，从公司内部治理、资金募集使用、信息披露、财务流程管理、处罚与失信、重大或特别情况六方面展开风险自查。同时，对资金占用、对外担保等若干常见问题设计专项明细表，督促各个挂牌公司逐一自查认真填写。通过统一的风险自查列表，保证风险自查工作顺利落地，督促和引导挂牌公司管理人员提高风险防控意识和能力。第二，持续强化监管，深挖安全隐患。督促中介机构归位尽责，要求各主办券商将风险排查工作摆在突出位置，对融资次数多、交易活跃的新三板挂牌公司予以重点关注、展开重点排查。在排查过程中，切实提高相关工作的执行力度和效率，建立及时报告制度，制定风险应急处置预案，建立风险识别、风险度量和风险处置的组织机制。第三，以风险排查工作为契机，强化风险化解能力。有关部门要始终保持风险敏感性，争取"打早打小""防患于未然"，结合日常监管的情况，对所管区域内涉及信息披露违规、募集资金使用不当等相关风险事项的挂牌公司及时约谈，针对其存在的问题，要求相关责任人加强学习，尽快规范整改。另外，约谈主办券商、会计师事务所等中介机构，提醒中介机构做好尽职调查，落实好勤勉尽责的义务，及时揭露公司风险隐患，出具真实可靠的报告，提醒挂牌公司开展风险处置工作。

5.6 小结

随着我国金融体系的不断完善，金融风险的防范和治理得到了学者们的广泛关注，但是针对"新三板"这类新兴市场板块的风险研究则相对空白。本章基于多层次资本市场的角度研究了不同类型的风险，结合新三板市场风险的客观性、相对性、可预测性和可控性的特征对其风险的来源和特征进行了深入的研究和分析，从企业自身风险和资本市场风险两个角度展开。企业自身风险涉及财务风险、经营风险和信息披露风险，资本市场风险涉及交易制度风险和流动性风险。通过对流动比率、换手率、资金周转率等指标分布情况及其在2016~2018年变动趋势的分析发现，新三板创新层的风险相对低于基础层，但创新层和基础层都存在资金周转效率低、流动性变差等问题，新三板整体金融风险仍需得到有效控制。

随后分析了金融风险在新三板不同层次市场间的风险传染特征，选取不同市场交易最活跃的10家上市公司的数据，采用溢出指数的方法构造了基础层和创新层之间的收益率及波动溢出。结果发现，创新层对风险更加敏感，基础层的风险传播能力和影响更突出。另外，通过构建风险传播网络可以发现，基础层的公司对外风险溢出影响更大，创新层的公司因敏感性较大更容易受到来自其他市场溢出的风险的影响。

在分析了防范和化解新三板市场金融风险现行措施后，提出了金融风险防范措施，从投资方、融资方及监管方等多个角度对新三板市场的金融风险进行控制。其主要包括：适时推出转板退出机制，促进新三板市场良性发展；丰富机构投资者的类型，提高市场交易者的数量；健全信息披露制度，减少新三板市场信息不对称风险；完善做市商制度，减少新三板市场交易制度风险；拓展新三板市场，探索创新分层平衡市场风险；建立健全监控机制，确保新三板市场风险有控等。

第6章　分层后的新三板市场与其他板块的动态关系研究

本章利用金融生态系统理论和Lokta-Volterra模型研究不同板块之间及板块内部各分层之间的动态关系，拟从全时段和分时段两个角度分析新三板的创新层和基础层与其他板块之间的互动关系是促进关系，掠夺关系，还是竞争关系，以及分析创新层和基础层之间的关系。以期利用其他层次市场带动新三板市场企业（尤其是基础层企业）的发展，使新三板实现错位发展。

6.1 研究方法与模型设计

6.1.1 资本市场的金融生态学分析

定位清晰的多层次资本市场能够通过划分市场的方式吸引功能需求不同的融资者及不同收益风险偏好的投资者，能够在丰富资本市场功能的同时提高投资者的参与度与活跃性，可以一定程度缓解创业板及新三板等新兴板块交易量低，投机意味浓重等问题，然而，各市场实际发展过程中出现了严重的同化现象。从服务对象与融资规模角度来看，与主板市场和中小板市场相比，新三板、科创板等市场服务的企业较为相似，板块内部各层级之间也更为相似，这导致各层次市场发展过程中的市场界限变得模糊，各个板块的发展背离了创立之初的定位，这种发展趋势可能会导致原本互为补充与促进的多资本市场间的关系变为相互竞争与削弱的关系，使我国多层次资本市场不能够发挥服务实体经济发展的功能。为了建立定位清晰,优势互补,相互促进的多层次资本市场,需要厘清不同层次资本市场之间的动态关系,本章将借用金融生态系统的思想逻辑和Lokta-Volterra模型方法对我国资本市场中各个板块与层级之间的动态关系进行实证研究,目的是厘清不同板块及板块内部各分层之间的动态关系,以期对我国建立合理的分层标准与建立有效的风险防范政策提供重要的参考。

自然界几乎所有生物的生存发展都受到两方面因素共同决定:自身条件和外部环境。金融机构作为社会经济体系中的主体也不例外,其生存和可持续发展的实现也受到两方面因素决定:一方面是自身制度建设和经营水平;另一方面是所处外部环境,既包括宏观经济大环境,也包括微观金融环境。中国人民银行行长周小川在2004年首次提出"金融生态"的概念,从生态学原理的角度解释金融的存在状态,强调金融发展的系统性和可持续性。在定义上,它是指金融生态主体与环境间的行为作用传导而形成的有结构特征,能发挥一定功能作用的且有自动调节机制的统一动态平衡系统。金融生态也叫作金融生态系统,包含主体、环境与调节三个要素(图6-1)。相应地,金融生态建设则覆盖主体的改造、环境的改善与调节机制的完善(图6-2)。

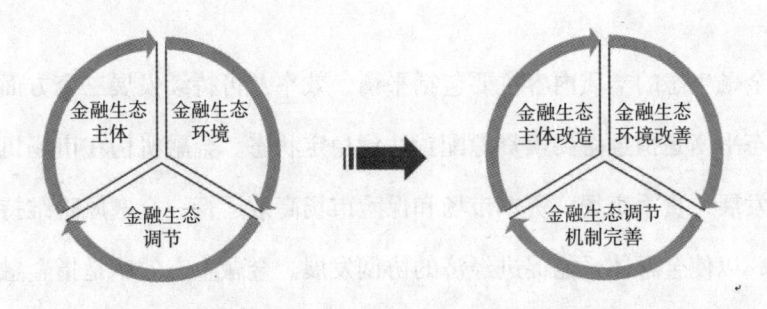

图6-1 金融生态要素图　　　　　图6-2 金融生态建设

金融生态主体、金融生态环境、金融生态调节是金融生态系统的三个构成要素，具有各自的功能与定位，如图6-3所示。首先，金融生态主体是该系统的核心。狭义理解中，它指的是金融产品和服务的生产者和供给者。广义理解中，它涵盖政府、企业、居民等所有金融市场上的参与者，不仅包括金融产品的提供者，还包括产品的消费者及金融决策和监管机构，他们通过制定政策规范，发挥调控和监管职能，影响金融市场运行。其次，金融生态环境是金融生态系统的基础，指影响金融业生存与发展的自然和社会因素的总和，既包括内部环境，也包括外部环境。狭义上可以将其理解为微观层面的金融环境，主要包括政策环境、经济环境、法治环境、信用环境等。广义理解中，金融生态环境指经济、社会、法治、文化、习俗等所有体制、制度和传统环境。良好的金融生态环境是降低金融风险、推进社会经济全面健康持续发展的前提。最后，金融生态调节是金融生态系统的链接，指中央银行及金融监管部门对金融生态环境的调节和维护。狭义上的金融生态调节主要指金融生态环境对主体产生影响的外部调节，如准入退出机制。广义上则还包括金融调节和非金融调节。其中金融调节指主体主动适应环境所做出的内部调节，如金融机构的内控制度。金融生态调节的实质是生态主体和环境之间的相互协调，形成良性生态循环。

金融生态的本质内容主要包括平衡、效率及可持续发展三个方面。金融生态平衡是指金融要素资源配置达到稳定状态。金融机构在市场机制下有序发展，货币市场、资本市场和保险市场高效运行，金融风险维持较低水平，以使金融体系能促进经济的协调发展。金融生态效率是指金融生态满足社会金融需求和获得利益的程度，它实质上表现为产品价格对信息的反映程度与稳定均衡机制，反映资金在市场上的有效性。健全金融体系，

第6章 分层后的新三板市场与其他板块的动态关系研究

完善金融监管，优化金融环境可以增进金融生态系统的活力并提升金融效率。金融生态可持续发展是指金融资源配置达到最优，即资金流动有序，金融与其他经济资源分配合理。在这种状态下，金融机构的业务集中且有效率，从而促进金融生态系统长期高质量地发展，经济、社会环境与金融生态和谐共存。

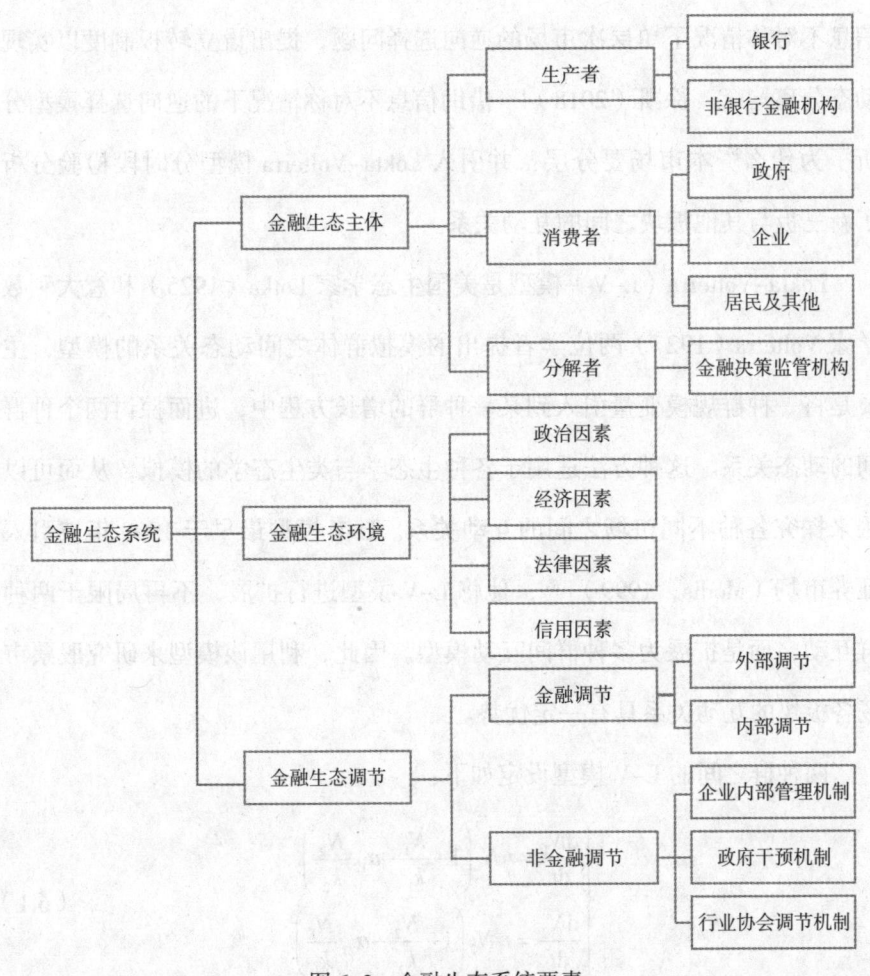

```
                          ┌─ 生产者 ─┬─ 银行
                          │          └─ 非银行金融机构
              ┌─ 金融生态主体 ─┼─ 消费者 ─┬─ 政府
              │                │          ├─ 企业
              │                │          └─ 居民及其他
              │                └─ 分解者 ─── 金融决策监管机构
              │
              │                ┌─ 政治因素
金融生态系统 ─┼─ 金融生态环境 ─┼─ 经济因素
              │                ├─ 法律因素
              │                └─ 信用因素
              │
              │                ┌─ 金融调节 ─┬─ 外部调节
              └─ 金融生态调节 ─┤            └─ 内部调节
                               │            ┌─ 企业内部管理机制
                               └─ 非金融调节 ┼─ 政府干预机制
                                            └─ 行业协会调节机制
```

图 6-3 金融生态系统要素

6.1.2 资本市场动态变化 Lokta-Volterra 模型构建

为了探究资本市场的分层逻辑及多层次市场通过何种机制组成有机整体，国内学者做了诸多尝试。陈露（2008）[168]引入分离均衡模型研究了信息不对称情况下单层次市场的逆向选择问题，提出设立转板制度以实现动态分离均衡。徐凯（2018）[52]借助信息不对称情况下的逆向选择模型分析了为什么资本市场要分层，并引入 Lokta-Volterra 模型分时段检验分析了新三板与其他板块之间的互动关系。

Lokta-Volterra（L-V）模型是美国生态学家 Lotka（1925）和意大利数学家 Volterra（1927）两位学者提出的模拟群体之间动态关系的模型，主要是将一种群规模变量引入到某一种群的增长方程中，进而探讨两个种群间的动态关系。这种方法适用于各种生态学与类生态学的模拟，从而可以用来探究各种不同市场之间的互动关系。L-V 模型最早于 1999 年被引入证券市场（Modis，1999）[169]，他将 L-V 模型进行扩展，不再局限于两种群互动，而是扩展为多种群间互动模型。因此，利用该模型来研究股票市场各板块的互动关系具有一定优势。

两种群之间的 L-V 模型设定如下：

$$\begin{cases} \dfrac{dN_1}{dt} = r_1 N_1 \left(1 - \dfrac{N_1}{k_1} - \alpha_{12} \dfrac{N_2}{k_2}\right) \\ \dfrac{dN_2}{dt} = r_2 N_2 \left(1 - \dfrac{N_2}{k_2} - \alpha_{21} \dfrac{N_1}{k_1}\right) \end{cases} \quad (6.1)$$

模型中 N_1、N_2 代表两个主体的种群规模，t 表示时间，r_1、r_2 表示它们的内在增长率，k_1、k_2 代表生态系统对二者的承载能力。系数 α_{12} 和 α_{21}

分别为两种群的内禀增长率，系数的正负号则是推定二者为何种互动关系的标准。系数 α_{12} 大于零则说明种群 2 对种群 1 的增长有抑制效果，反之则说明存在促进效果。模型按照生态意义可以分别为以下三种：

①若 α_{12} 和 α_{21} 同为正数，表示两种群间存在相互竞争的关系，每一种群的存在对另一种群的增长均产生抑制作用；

②若 α_{12} 和 α_{21} 同为负数，说明两种群间相互依存、相互促进，达到互利共生的状态；

③若 α_{12} 为正而 α_{21} 为负，表示两种群间存在捕食与被捕食的关系，其中种群 2 为捕食者种群，种群 1 为被捕食者种群，且种群 2 会对种群 1 的资源（如领地、食物等）进行掠夺，反之亦然。

本书从多层次资本市场的角度出发，探究已有的板块市场与引入的新板块市场的动态联系，并就整个市场体系的效率展开检验与分析。具体地，本书借鉴李建勇等（2016）[115]和徐凯（2018）[52]的做法，利用 Sprott（2004）[170]多种群竞争的扩展方程，将其余各板块规模变量引入系统，结合 Leslie（1958）离散化的方法，建立扩展型 Lotka–Volterra 非线性方程组模型，旨在描述多层次资本市场各板块的互动关系。多层次资本市场 Lokta–Volterra 模型数理推导如下：

假设在一个有限的环境，有某些物种的种群可以独自或者相互影响地生存。某一种群在时 t 的个体数目为 N_t。从 t 到 $t+1$ 这段时间内，记该种群出生个体数为 B_t，死亡个体数为 D_t，因此 $t+1$ 时刻该种群个体数目可表示为

$$E(N_{t+1}) = N_t + B_t - D_t \quad (6.2)$$

如果我们定义

$$\frac{E(N_{t+1})}{N_t}=\lambda_t=e^{r_t} \tag{6.3}$$

由上式可得

$$\lambda_t=1+\beta_t-\delta_t \tag{6.4}$$

其中 $\beta_t=B_t/N_t$，β_t 的含义为该种群在时刻 t 的出生率，$\delta_t=D_t/N_t$，δ_t 的含义为该种群在时刻 t 的死亡率。同时，我们可以从期望出生率定义出生个体数：

$$B_t=b_t N_t \int_0^1 e^{r_t \tau} d\tau \tag{6.5}$$

因此有

$$\beta_t=b_t/r_t\left(e^{r_t}-1\right) \tag{6.6}$$

或

$$b_t=\beta_t r_t/(\lambda_t-1) \tag{6.7}$$

类似地，可以从期望死亡率定义死亡个体数：

$$D_t=d_t N_t \int_0^1 e^{(r_t \tau)} d\tau \tag{6.8}$$

$$d_t=\delta_t r_t/(\lambda_t-1) \tag{6.9}$$

因此

$$b_t-d_t=r_t \tag{6.10}$$

对于具有 n 个种群的环境，L-V 模型设定为

$$\begin{cases}\dfrac{dN_1}{dt}=\left(r_1-\sum_{k\neq 1}b_{1k}N_k-a_1 N_1\right)N_1 \\ \cdots\cdots \\ \dfrac{dN_i}{dt}=\left(r_i-\sum_{k\neq i}b_{ik}N_k-a_i N_i\right)N_i \\ \cdots\cdots \\ \dfrac{dN_n}{dt}=\left(r_n-\sum_{k\neq n}b_{nk}N_k-a_n N_n\right)N_n\end{cases} \tag{6.11}$$

对于第 i 个种群

$$\frac{\mathrm{d}N_i}{\mathrm{d}t} = \left(r_i - \sum_{k \neq i} b_{ik} N_k - a_i N_i\right) N_i \quad (6.12)$$

求解该微分方程可知：

$$\frac{1}{r_i - \sum_{k \neq i} b_{ik} N_k} \ln\left(\frac{N_i}{r_i - \sum_{k \neq i} b_{ik} N_k - a_i N_i}\right) = t + C_1 \quad (6.13)$$

其中 C 为任意常数，进一步整理可得时刻 t 该种群个体数目：

$$N_i(t) = \frac{r_i - \sum_{k \neq i} b_{ik} N_k}{a_i + C_2 \mathrm{e}^{-\left(r_i - \sum_{k \neq i} b_{ik} N_k\right)t}} \quad \left(C_2 = \mathrm{e}^{-\left(r_i - \sum_{k \neq i} b_{ik} N_k\right)C_1}\right) \quad (6.14)$$

通过 $N_i(t)$ 和 $N_i(t+1)$ 的关系可推得：

$$N_i(t+1) = \frac{\left(r_i - \sum_{k \neq i} b_{ik} N_k\right) N_i(t)}{\left(r_i - \sum_{k \neq i} b_{ik} N_k\right) \mathrm{e}^{-\left(r_i - \sum_{k \neq i} b_{ik} N_k\right)} + a_i\left(1 - \mathrm{e}^{-\left(r_i - \sum_{k \neq i} b_{ik} N_k\right)}\right) + N_i(t)} \quad (6.15)$$

由（6.3）式种群增长率的定义可知：

$$\lambda_i = \mathrm{e}^{\left(r_i - \sum_{k \neq i} b_{ik} N_k\right)} \quad (6.16)$$

因此有

$$N_i(t+1) = \frac{\dfrac{\lambda_i \ln(\lambda_i)}{r_i} N_i(t)}{1 - \sum_{k \neq i} \dfrac{b_{ik}}{r_i} N_k + \dfrac{a_i}{r_i}(\lambda_i - 1) N_i(t)} \quad (6.17)$$

若令 $N_1(t)$、$N_2(t)$、$N_3(t)$、$N_4(t)$、$N_5(t)$ 分别代表 $SH_{(t)}$（上证主板）、$SZ_{(t)}$（深证主板）、$CY_{(t)}$（创业板）、$CX_{(t)}$（新三板创新层）、$JC_{(t)}$（新三板基础层），并记 $\alpha_i = \dfrac{\lambda_i \ln(\lambda_i)}{\gamma_i}$、$\beta_i = \dfrac{a_i}{\gamma_i}(\lambda_i - 1)$、$\gamma_{ik} = \dfrac{b_{ik}}{r_i}$，即可导出多层次资本市 Lokta-Volterra 模型表达式

$$\begin{cases} SH_{(t+1)} = \dfrac{\alpha_1 SH_{(t)}}{1+\beta_2 SH_{(t)}+\gamma_{12}SZ_{(t)}+\gamma_{13}CY_{(t)}+\gamma_{14}CX_{(t)}+\gamma_{15}JC_{(t)}} \\ SZ_{(t+1)} = \dfrac{\alpha_2 SZ_{(t)}}{1+\beta_2 SZ_{(t)}+\gamma_{21}SH_{(t)}+\gamma_{23}CY_{(t)}+\gamma_{24}CX_{(t)}+\gamma_{25}JC_{(t)}} \\ CY_{(t+1)} = \dfrac{\alpha_3 CY_{(t)}}{1+\beta_3 CY_{(t)}+\gamma_{31}SH_{(t)}+\gamma_{32}SZ_{(t)}+\gamma_{34}CX_{(t)}+\gamma_{35}JC_{(t)}} \\ CX_{(t+1)} = \dfrac{\alpha_4 CX_{(t)}}{1+\beta_4 CX_{(t)}+\gamma_{41}SH_{(t)}+\gamma_{42}SZ_{(t)}+\gamma_{43}CY_{(t)}+\gamma_{45}JC_{(t)}} \\ JC_{(t+1)} = \dfrac{\alpha_5 JC_{(t)}}{1+\beta_5 JC_{(t)}+\gamma_{51}SH_{(t)}+\gamma_{52}SZ_{(t)}+\gamma_{53}CY_{(t)}+\gamma_{54}CX_{(t)}} \end{cases} \quad (6.18)$$

α、β 表示市场受自身规模的影响程度，α 越大、β 越小表示受到自身规模的阻力较小；α、β 的下标 1、2、3、4、5 分别对应上述各板块市场；γ_{ij}（$i,j=1,2,3,4,5$）表示市场 j 对市场 i 的影响，如果系数为正说明市场 j 对市场 i 有阻碍作用；系数为负则说明有促进作用，将 γ_{ij}、γ_{ji} 两个系数结合比较，就能得出两市场间的相互联系与影响，具体包括互惠、竞争、捕食等（表6-1）。分别采用 ADF 单位根检验和采用非线性最小二乘法对模型进行实证检验。

表6-1 参数含义与板块间互动关系

γ_{ij}	γ_{ji}	关系	描述
+	+	双向，竞争	板块 i 与板块 j 争夺资金
+	−	双向，掠夺	板块 j 掠夺板块 i 的资金
−	+	双向，掠夺	板块 i 掠夺板块 j 的资金
−	−	双向，共生	板块 i 与板块 j 相互促进
+	0	单向，抑制	板块 j 抑制板块 i 的交易
0	+	单向，抑制	板块 i 抑制板块 j 的交易
−	0	单向，促进	板块 j 促进板块 i 的交易
0	−	单向，促进	板块 i 促进板块 j 的交易
0	0	中性	板块 i 与板块 j 没有关系

6.2 L-V 模型数据选取与描述性统计

由于新兴板块成立时间均较晚，如新三板于 2016 年 6 月 27 日才开始分层，为了使各个板块间的样本时间区间一致，本书选取了 2016 年 6 月 27 日到 2018 年 12 月 24 日的上海证券主板、深圳证券主板、创业板、新三板中的创新层和基础层的 611 个交易日的日平均交易额数据作为样本，数据来源于万德（Wind）数据库。

从总体来看交易量（图 6-4），上证 A 股和深证 A 股走势平稳，2018 年初深证 A 股平均日交易量始终略高于上证 A 股；基础层和创业板走势于 2018 年初大幅回落，日平均交易量均走低，而创新层势头始终强劲，表现出稳中有升的走向。

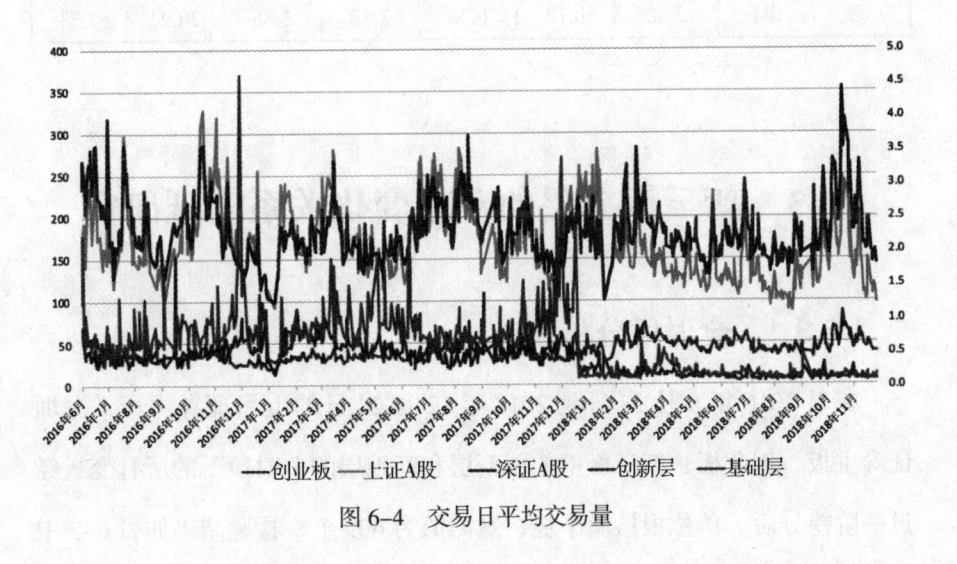

图 6-4 交易日平均交易量

表 6-2 是上海证券主板（SH）、深圳证券主板（SZ）、创业板（CY）、新三板中的创新层（CX）和基础层（JC）的 611 个交易日的日平均交易额数据的描述性统计，分别计算平均值、最小值、25% 分位数，中位数、75% 分位数，90% 分位数、最大值和方差。

如表 6-2 所示，上证 A 股和深证 A 股的各项指标值远高于其余股票。上证 A 股日平均交易额的均值为 1905.69，方差为 515.86，中间 50% 的交易额大致集中在 1500 至 2300 之间，各项指标均小于深证 A 股；创业板均值 701.18，方差为 200.14。新三板中的创新层的平均值为 2.31，中位数为 2.27，两者差别不大；基础层的平均值为 2.58，中位值为 2.52。

表 6-2　日平均交易额的描述性统计分析

变量名	N	mean	Min	p25	p50	p75	max	Sd
SH	611	1905.69	853.35	1543.28	1850.17	2279.73	3740.97	515.86
SZ	611	2442.50	1197.68	1989.43	2422.89	2794.66	4884.56	648.23
CY	611	701.18	352.11	549.49	670.13	815.99	1581.51	200.14
CX	611	2.31	0.19	0.62	2.27	3.34	11.20	1.75
JC	611	2.58	0.10	0.36	2.52	3.88	20.92	2.33

6.3　新三板分层的动态变化关系实证研究

6.3.1　全时段分析

在对 2016 年 6 月 27 日到 2018 年 12 月 24 日的上海证券主板、深圳证券主板、创业板、新三板中的创新层和基础层的全时段下的所有变量经过一阶差分后，单位根检验平稳，观测值为 609 个，检验结果如表 6-3 中

第 6 章 分层后的新三板市场与其他板块的动态关系研究

所示。

表 6-3 全样本下的单位根检验结果

变量名	观测值	检验形式 (c, t, p)	ADF 值	检验结果
SH	609	(c, 0, 1)	−30.951***	平稳
SZ	609	(c, 0, 1)	−31.896***	平稳
CY	609	(c, 0, 1)	−30.573***	平稳
CX	609	(c, 0, 1)	−37.282***	平稳
JC	609	(c, 0, 1)	−37.666***	平稳

注：c，t 和 p 均代表的是平稳性检验种类，其分别含有常数项，时间趋势项和检验模型滞后阶数。就上表来看，***、**和*各自代表的是 1%、5% 和 10% 的显著性水平。

表 6-4 为经过 Lokta-Volterra 模型回归后的全样本结果。在全时段中，①上证主板对创新层的回归系数为 −0.0006，t 值为 −1.37，不显著，创新层对上证主板的回归系数 −0.0114，t 值为 −2.35，在 5% 水平下显著，上证主板与创新层之间存在促进关系，上证主板促进创新层的交易；②深证主板对创新层的回归系数为 −0.0013，t 值为 −2.15，在 5% 水平下显著，创新层对深证主板的回归系数为 −0.0017，t 值为 −0.29，不显著，深证主板与创新层之间存在促进关系，创新层促进深证主板的交易；③创业板对创新层的回归系数为 0.0008，t 值为 0.81，不显著，创新层对创业板的回归系数为 −0.0011，t 值为 −0.44，不显著，创业板与创新层存在中性关系，创业板与创新层之间不存在关系；④上证主板对基础层的回归系数为 −0.0013，t 值为 −2.68，在 1% 水平下显著，基础层对上证主板的回归系数 −0.0029，t 值为 −0.30，不显著，上证主板与基础层之间存在促进关系，基础层促进上证主板的交易；⑤深证主板对基础层的回归系数为 −0.0004，t 值为 −0.74，

不显著，基础层对深证主板的回归系数为 -0.0389，t 值为 -3.26，在 1% 水平下显著，深证主板与基础层之间存在促进关系，深证主板促进基础层的交易；⑥创业板对基础层的回归系数为 -0.0006，t 值为 -0.57，不显著，基础层对创业板的回归系数为 0.0167，t 值为 3.64，在 1% 水平下显著，创业板与基础层存在抑制关系，创业板会抑制基础层的交易；⑦创新层对基础层的回归系数为 -0.0016，t 值为 -0.64，不显著，基础层对创新层的回归系数为 -0.0070，t 值为 -1.64，在 10% 水平下显著，创新层与基础层存在促进关系，创新层会促进基础层的交易。

表 6-4 全时段下模型参数估计结果

板块	板块参数		上证主板	深证主板	创业板	创新层	基础层
	α	B			Γ		
上证主板	-0.7881***	-0.0774***		-0.0044***	0.0009*	-0.0006	-0.0013***
	(-24.65)	(-59.83)		(-3.51)	(1.83)	(-1.37)	(-2.68)
深证主板	0.1629***	-0.0546***	0.0079***		0.0104***	-0.0013**	-0.0004
	(3.94)	(-33.84)	(6.52)		(18.76)	(-2.15)	(-0.74)
创业板	0.4115***	-0.0192***	-0.0129***	0.0117***		0.0008	-0.0006
	(6.99)	(-16.55)	(-6.52)	(4.31)		(0.81)	(-0.57)
创新层	-1.0396***	-0.1580***	-0.0114**	-0.0017	-0.0011		-0.0016
	(-25.27)	(-68.21)	(-2.35)	(-0.29)	(-0.44)		(-0.64)
基础层	-0.8638***	-0.1967***	-0.0029	-0.0389***	0.0167***	-0.0070*	
	(-11.20)	(-39.55)	(-0.30)	(-3.26)	(3.64)	(-1.64)	

注：***、** 和 * 代表的是 1%、5% 和 10% 的显著性水平，括号数据代表的是相应系数的 t 统计值。

表 6-5 具体列出了全时段上我国多层次资本市场中各个板块间的动态关系。在全时间段上，创新层和基础层与其他板块的互动关系绝大部分是促进关系，创新层与基础层之间也是促进关系，这说明新三板分层后，在

创新层和基础层的支撑下，市场功能得以完善，资本市场就此具备了更大的信心，就此让整个市场体系具备了更强的适应性，同时充满活力。

表 6-5 全时段下模型参数预估值

	上证主板	深证主板	创业板	创新层	基础层
上证主板					
深证主板	掠夺				
创业板	掠夺	竞争			
创新层	促进	促进	中性		
基础层	促进	促进	抑制	促进	

6.3.2 分时段分析

考虑到资本市场的快速发展，特别是新兴板块，例如新三板处于调整和快速发展阶段，因此，分时段对各市场与新三板的关系进行进一步分析。在 2016 年 6 月 27 日至 2018 年 12 月 24 日时间段（全样本时间范围）里，新三板进行了三次分层，本书依照每次分层时间，将全样本分成三个时段的样本。新三板第一次分层的时间是 2016 年 6 月 27 日，第二次分层的时间是 2017 年 5 月 31 日，第三次分层时间是 2018 年 5 月 2 日。Ⅰ时段的时间范围为 2016 年 6 月 27 日至 2017 年 5 月 26 日，Ⅱ时段的时间范围为 2017 年 5 月 31 日至 2018 年 4 月 27 日，Ⅲ时段的时间范围为 2018 年 5 月 2 日至 2018 年 12 月 24 日。模型估计结果如表 6-6 所示。

在第一次分层时，即Ⅰ时段，创新层与其他板块之间主要是存在中性和掠夺关系，基础层与其他板块之间主要是存在中性和抑制关系，之所以存在中性关系，我们认为由于新三板的第一次分层尚处于起步和探索阶段，导致其他市场的反应过缓。同时也由于新三板在分层之前，规模等与其他板块存在较大差异，因而对其他板块影响有限。而掠夺和抑制，说明新三板市场在实施分层之后,由于其具有一定的吸引力而抢走了其他板块的一些资金,说明分层对整个资本市场的确有一定的刺激作用。

表 6-6 模型参数估计结果

	I 时段	II 时段	III 时段	全时段
上证—创新❶	中性	中性	竞争	促进
深证—创新	掠夺	促进	中性	促进
创业—创新	掠夺	共生	中性	中性
上证—基础	抑制	促进	掠夺	促进
深证—基础❷	中性	竞争	抑制	促进
创业—基础	中性	抑制	促进	抑制
创新—基础	促进	促进	中性	促进

第二次分层,即 II 时段,创新层与其他板块之间主要是存在促进和共生关系,创新层对深圳主板存在促进作用,对创业板存在共生关系,说明在第二次分层时,创新层的确在新三板股票中做出了表率的作用,这可能与在这一时段中国资本市场经历了大幅上涨,股市取得了长足进步有重要关系,特别是对于科技型公司,由于其受到市场资金的强烈追捧,从而使得涉及该类企业较多的创业板和新三板呈现出相互促进关系。但是基础层与其他板块之间主要存在促进、竞争和抑制,基础层促进上证主板和创新层的交易,同时又与深证主板存在竞争关系。主要可能因为 2017 年随着 IPO 发行的常态化,会吸引资金从新三板中流出,进而流入主板市场。对于基础层会抑制创业板的交易暂时未发现这方面的证据。

---

❶ 有关分时段与全时段结果存在差异的可能的原因在于分时段数据量较小,还没有真正反映出两者关系的全貌;另外从图 6-4 可知,创新层的交易量过低(虽然中间有过波动,但依然很快收缩)可能也是造成这一原因的结果。

❷ 类同❶。

第三次分层，即 III 时段，创新层与其他板块之间主要是存在中性和竞争关系。创新层与上证主板之间存在竞争关系，而与其他板块则是中性关系。可能是因为上证主板中科创板的设立及试点注册，增强了对创新企业的适应性和包容性，进而引起了创新层与上证主板之间的相互竞争。基础层与其他板块之间主要是存在掠夺、抑制和促进关系。基础层掠夺上证主板的资金，并对深证主板交易有抑制作用，同时还促进创业板的交易。我们认为这很可能与 2018 年股票市场各个板块长期低迷有关，主要可能因为 2018 年股市震荡下行，从 2018 年年初至今，A 股市场已蒸发超万亿，市值严重缩水。

6.4 小结

国内资本市场分为多个层次（主板、科创板、创业板、区域股权市场及新三板），每层市场在功能和服务目标上都具有自己的定位，本章在金融生态系统思想的指引下，以 Lokta-Volterra 的模型方法为辅助，通过现实案例探究了国内资本市场上不同板块和层级间的相关性，就此将各板块和板块内不同层次的动态相关性进行了梳理，为国内分层标准的设置、有关风险防范政策的制定，提供了明确有效的指引。

在全时段中，创新层和基础层与其他板块的互动关系绝大部分是促进关系，创新层与基础层之间也是促进关系，这说明新三板分层后，创新层和基础层的存在有助于市场功能的完善，让资本市场的信心得以增强，市场体系就此充满活力并具备极强的适应性。我们也立足于各时段对创新层和基础层与其他板块的动态相关性进行了探究。第I时段中，创新层与其他板块主要是中性和掠夺关系，这不能维持创新层的长远发展。第II时段中，创新层与其他板块之间主要是存在促进和共生关系，这说明不同板块之间的定位逐渐得到优化。但这种促进和共生的关系在第III时段中并没有得到维持。因此，市场管理者和政策制定者应当保留和维持相应的良好制度和准则，调整其他不完善的部分。对于基础层，尤其是在第三次分层之后，其进入创新层的门槛变高，需要对基础层实施一定的策略以刺激基础层的企业，利用基础层与其他板块之间的掠夺关系，可以一定程度上发展基础层，提升基础层企业进入创新层的入选率。

第7章 中国新三板市场分层发展建议

由于新三板市场内部上市企业情况较为复杂，良莠不齐。基于当前经济形势和市场现状，并结合前文的分析和研究，本章从我国新三板市场的错位发展、新三板市场生态建设的战略定位和新三板市场的金融风险防范三个角度出发，对我国新三板市场一系列政策进行分析与反思，进而提出相应建议，亦为国内其他资本市场发展提供相应的参考。

7.1 中国新三板市场的错位发展建议

新三板市场作为我国资本市场中的新兴市场，在其探索完善过程中，构建了针对中小企业需求的基础性制度，拓宽了资产市场的范围和中小企业的融资渠道。然而，随着市场环境的变化，新三板市场的交投萎缩，流动性效果逐渐变差，新三板市场的发展进入较为困难的"瓶颈期"，表现为直接融资功能弱化、市场交易不活跃、摘牌企业数量明显增加。一系列现象都表明新三板市场亟需进行一场全面系统的改革，探寻到适合自身特征的发展方向。

此外，通过本书的实证分析发现新三板的基础层与创业板存在着抑制关系，这是由于二者皆服务于创新创业型企业所造成的，二者之间本来就存在着竞争。因此，为了让资本市场各层次之间和谐有序发展，保持良性竞争，就应该考虑好各层次之间企业的定位问题。需要针对交易所及新三板制定出具有针对性的模式，也就是错位发展模式，实现新三板与交易所互为补充的局面。基于此，本书从以下三个方面提出新三板市场错位发展的政策建议。

（1）面向不同的服务对象，实现错位发展

从服务对象的角度上来看，根据国务院所出台的相关规定可知，新三板的主要服务对象为中小微企业，这些企业必须是成长型企业或创新型企业，同时也可以是创业型企业，在新三板市场上市的企业，往往是处于初创期和发展期的中小企业，其在经营模式、财务结构等方面尚不成熟，可能存在着抵抗风险能力差、重大事项披露不健全等问题。若将这些企业与成熟的大中型企业放到市场竞争，其竞争力明显较弱，投资者难以辨别各中小型企业实力因而会选择更为稳定可靠的大中型企业而放弃这些企业，中小型科技企业很难获取股权融资。将资本市场进行分层后，中小型企业与成熟企业分别进入到资本市场的不同层次中去，其竞争对手也变为与之相当的中小型或大型企业。对交易所市场而言，服务对象主要是各种科创型企业，同时还包括一部分较为成熟的企业。对大中型企业而言，成熟的分层制度更有利于资本市场对其合理估值，使股票具有良好的流动性，同时与规模较小、处在发展初期的中小新企业区别开来以获得更高质量的投资者和合作者的关注（侯东德和李俏丽，2013）[171]。

（2）面向不同投资者群体，实现错位发展

从投资者群体的角度上来看，由于新三板已经事先对投资者适当性相关的制度进行了制定，因此，决定了新三板市场中的投资者主要源于各种机构，这些投资者的主要特点包括具有丰富的投资经验，掌握大量的投资信息，能够有效地识别各种风险，并且拥有足够的资本和较强的风险承担能力支持其选择风险高收益大的风险投资等。而对证券交易所而言，中小投资者占据着较大的比重。个人投资者没有具备专业知识的团队，没有丰富的获取信息的渠道，资金不充沛等导致了其较差的风险承担能力，因

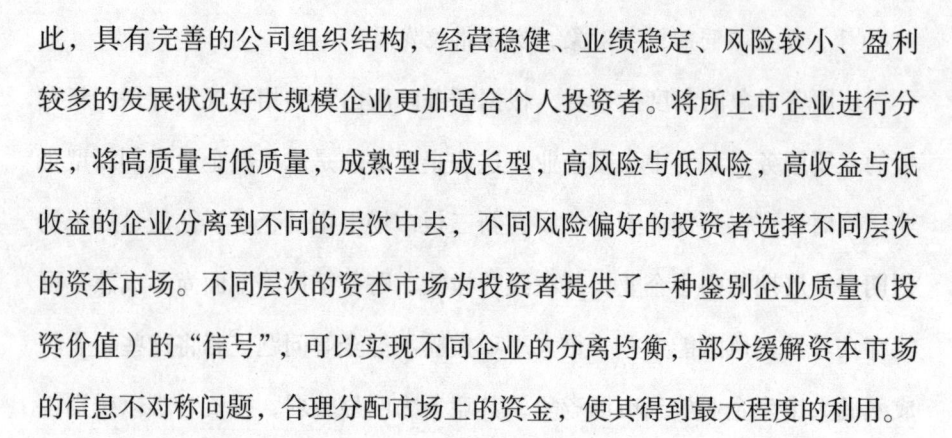

此，具有完善的公司组织结构，经营稳健、业绩稳定、风险较小、盈利较多的发展状况好大规模企业更加适合个人投资者。将所上市企业进行分层，将高质量与低质量，成熟型与成长型，高风险与低风险，高收益与低收益的企业分离到不同的层次中去，不同风险偏好的投资者选择不同层次的资本市场。不同层次的资本市场为投资者提供了一种鉴别企业质量（投资价值）的"信号"，可以实现不同企业的分离均衡，部分缓解资本市场的信息不对称问题，合理分配市场上的资金，使其得到最大程度的利用。

(3) 肩负不同任务使命，实现错位发展

从任务的角度上来看的交易所主要作用是实现交易，交易所市场是流通市场中的关键，是最重要的证券交易场所，能够为上市公司的股票提供良好的市场流动性；而新三板肩负着激活市场创新动力的历史使命，其主要目的是使企业能够在资本投入及发展方面提供更多的便利，其主要为创新型、创业型、成长型中小微企业发展服务，为中小微企业公开转让股份，进行股权融资、债权融资、资产重组等提供服务，为中小微企业提供除银行贷款、主板市场上市外的更加便捷的途径，不断提升直接融资占比，帮助中小企业解决我国资本市场一直存在的融资难、融资贵的问题，提高了金融服务实体经济的效率，对于促进企业特别是中小微企业股权交易和融资，鼓励科技创新和激活民间资本，加强对实体经济薄弱环节的支持，具有积极作用，有利于充分激发社会创新创业的巨大潜力，保障市场运行活力，为我国建立完善国家自主创新体系奠定坚实基础。新三板还是连接中小企业与产业资本的桥梁，它服务于中小企业的资本投入和退出，为中小企业的发展做出重大贡献。

7.2　中国新三板市场发展生态与战略定位

资本市场本身就是一个内涵丰富、机理复杂、具有自身调节能力和自我反馈机制的生态系统，该生态系统中包含众多参与主体，如上市公司、中介机构等。当生态系统中存在着较为完善的制度安排时，市场中的参与者将各司其职，资源也将实现最优配置，从而让整个资本市场达到"帕累托最优状态"。在资本市场体系中，新三板具有一定的创新性，开辟了我国多层次资本市场体系市场化的道路，然而由于新三板的定位问题，与北京中关村作为全国科技创新能力最强的国家科技创新示范中心的地位不相匹配等相关因素的制约，新三板市场并未成为推动我国资本市场深化改革的助推器。

为了使新三板真正发挥基础市场的作用并为市场不断培育出更多优质上市资源，政府部门应当积极制定相关政策，从国家战略的高度出发，不断调整新三板在资本市场中所处位置，准确定位新三板在资本市场中的重要地位。参考并借鉴美国纳斯达克的发展经验，将新三板按照不同类别进行划分，在分层的基础上继续将其打造成一个既包含场内市场又包含场外市场的混合型证券市场，因此，从以下五个方面提出政策建议：

第一，重点推进并完善我国新三板市场、主板市场、中小板市场和创业板市场，各个市场应当对自身进行明确的市场定位，避免资本市场中的无序竞争，更好服务于实体经济。在交易方式、信息披露、股票发行、投资者门槛等方面，不同层次市场要实行差异化的制度安排，分别面向不同资质、不同数量的企业群体，为不同特点企业提供有针对性、高效率的服务，以实现市场风险的分层管理，同时，应当重点关注层次细分和不同层次之间的转板制度。充足的交易资源奠定了资本市场的经济基础，多样化的交易制度体现了市场运行的活跃度，二者共同保障了多层次资本市场的有效运行。将资本市场按照不同类别进行划分，在分层的基础上继续将其打造成为一个既包含场内市场又包含场外市场的混合型证券市场。将新股发行常态化等推动股票和股权市场发展作为促进多层次资本市场发展的重点。面对复杂的国际环境和目前国内资本市场的特点，保持定力，坚持新股常态化发行，根据企业申报情况，稳妥推进审核进度，支持企业融资需求，服务实体经济，深化供给侧结构性改革。

第二，发展债券市场，适度发展衍生品市场，促进我国资本市场的产品多元化。就债券市场而言，近年来，我国债券市场的交易主体不断增加，交易品种日益丰富、交易规模持续扩大。债券市场需要进一步完善相应的市场运行机制，建立健全信用评级制度，提高市场透明度。在市场流动性方面，健全的市场中介组织和完备的托管结算机构是一个成熟市场中必不可少的。我们需要进一步完善市场中介组织，如做市商制度，进而增加市场流动性，促进投资者结构合理化。另外，债券市场的法律体系仍需进一步完善，关于债券发行、债券交易、债券托管和结算方面的规则的制订需要进一步加快。就衍生品市场而言，近年来我国衍生品市场不断完善。但是目前衍生品市场上还有很多问题，还需要进一步区分市场监管主体及设立主体，增加金融衍生品的种类，加快我国金融衍生品市场的国际化程度。进一步发展债券市场和衍生品市场，促进我国资本市场的产品多元化，有助于提高投融资效率，分散市场风险并提高监管效率。

第三，对区域性股权市场而言，应当鼓励该市场以更加规范、科学的方式发展。通过对监管及市场定位等相关的规则进行深入的探究，使新兴企业能够探索出更多融入资本市场的方法。首要任务就是要明确区域性股权市场的法律地位，促进市场规范发展。没有相应法律法规的约束，一方面市场将发生无序竞争、欺诈误导等情形，对资本市场产生不利影响；另一方面，区域性股权市场没有法律保障，必将缺乏市场公信力和吸引力，要有较大的发展、发挥较大的作用也很难。对于区域性股权市场，政府应该在政策上给予相应的支持，发挥区域性股权市场服务功能。省级政府既要鼓励企业积极参与这个市场，同时又要从资金供给、资源整合、产品提供和信息渠道等方面大力给予支持，积极为该市场配置资源。在监管方面，在全国范围内应统一监管规则。为了防止各个区域性股权市场的机会主义，建议采用灵活、动态、全国统一、中央与地方协调的监管体系。政府监管部门应引导区域性场外交易市场参与主体加强风险管理与内部控制，实行政府监管和行业自律监管相结合。这样才能使我国新兴企业渐渐融入资本市场中。

第四，需要结合实际对资本市场的资源进行调整，使资本市场所具有的渠道作用能够得到充分的发挥。正如前文所述，多层次资本市场的不断完善是提高我国资源配置的最佳途径，需要进一步加快多层次资本市场体系和基础性制度，完善主板、科创板、中小板、创业板和新三板市场建设，使各层次市场充分发挥其市场功能。另外，要提高资本配置效率还依赖于上市公司质量的提高。上市公司应该进一步提升其信息披露质量，促进提高其治理水平，对上市公司而言，要始终坚持市场化法治化，加强上市公司监管基础制度建设，改革完善发行上市、信息披露、分拆等制度。同样地，资本市场立法方面也需要进一步改善，尤其应该进行对不同层次市场统一相应的立法，还需要进一步推进资本市场综合税制改革，充分发挥税收的调节作用，营造资本市场有利条件。

第五，需要全面推进资本市场与国际市场的对接，使我国资本市场能够有更大的竞争优势。例如，可以坚持促进 QDII 及 QFII 的发展，同时为了使融资渠道更加丰富，还可以放开融资政策，为境外企业的投资提供更多的机会。目前在推进我国资本市场与国际市场对接过程中已取得了较大进展，但是仍存在较多问题。首先在吸引外资方面，我国应始终坚持开放的导向，不断降低外资进入中国的门槛，可以让更多外资进入我国资本市场，为我国带来外国先进的理念与经验。其次在外汇管理方面，我国需要改革外汇管理体制，逐步实现汇率市场化和人民币与外汇的可自由兑换，进一步提高我国资本市场的透明度，并进一步建立人民币的长期信用。在法律法规方面，推进我国资本市场和国际市场的对接，在法律方面要按照国际惯例进行一些调整，尤其是证券法方面。另外，全面推行注册制，提高发行人披露信息的准确度和完整性，从而有效发挥市场在资源配置中的作用，也有利于我国资本市场与国际市场的进一步接轨。需要注意的是资本市场要逐步开放，不能请求一步到位，循序渐进有助于进一步降低风险。

7.3 中国新三板市场的金融风险防范对策

党的十九大报告提出，要坚决打好防范化解重大风险等三大攻坚战。健全金融监管体系，守住不发生系统性金融风险的底线，这为我们防控资本市场风险提供了遵循依据。

一方面，新三板之间各层次与创业板和科创板之间存在着有机联系，因此，新三板在资本市场中的地位越来越重要，同时随着我国新三板改革的推进，三者之间的联系也将更为密切，其金融风险防范也将具有更为重要的意义。首先，新三板为科创板和创业板培育并提供满足流动性良好、融资规模合理、估值水平处于特定范围内的上市资源，协助各大挂牌企业成功上市。自新三板深化改革以来，我国也正式提出了转板上市机制，为了使新三板挂牌公司能够更加顺利地实现上市，减少上会等待的时间，提高资本市场资源配置的效率，需要对衔接机制进行不断的优化完善。对挂牌公司而言，其通过科学规范的治理，并且在完成信息的披露以后，即可使其在交易所市场中更好地掌控风险，从而使注册制能够得到进一步的贯彻落实。其次，考虑到新三板市场的主要特点包括信息有着高度的公开性和透明性，同时处于该市场内的公司信息也较为透明，使企业能够以更低的交易成本完成并购，切实地提升了我国上市企业的竞争力。另一方面，新三板的创新层和基础层作为针对中小微型企业提供挂牌、融资等的市场，其发展也将对我国资本市场产生一定的金融风险。其风险根本上来源于挂牌公司本身的财务风险、经营风险等，另外，新三板市场的做市商制度在提高市场流动性的同时，也带来了不小的市场风险。

有效化解金融风险成为新三板乃至我国资本市场平稳持续发展的关键因素，本书从以下三个角度提出政策建议，为我国化解新三板市场带来的金融风险建言献策：

（1）完善市场信息披露制度，督促挂牌公司保持自律

当前，我国的新三板各层次市场尚不具备完善的信息披露机制，不少挂牌公司缺乏自律，推迟披露或不披露公司相关信息，影响投资者的投资积极性，导致市场存在信息不对称，从而影响市场的流动性，增加金融风险发生的可能性。因此，一方面，要加大对上市公司信息披露的监管力度，建立更为完善的监管惩罚制度，加大对不披露或推迟披露公司信息行为的惩罚力度，同时也要强调券商等中介机构在信息披露工作中的"质量保证"作用，信息披露不完全时也要处罚相关责任的券商；另一方面，相关部门应当积极设立更为便捷、高效的信息登记平台，在统一标准的信息披露框架下，进行分层管理，针对不同层次的工作人员制定出具体的信息披露标准，要求披露重要信息而不是过多信息。对监管层而言，其仅需要了解信息披露是否及时、是否科学规范即可，有效降低了监管成本。健全的市场信息披露制度降低了发行公司披露信息的成本，还增加了信息的透明度，加强了其风险意识及风险应对管理的能力，使信息不对称的程度降低，从公司信息端降低金融风险发生的可能性。

（2）落实竞价交易制度，增加市场流动性

在资本市场中，新三板是一个极其重要的组成部分，由于新三板具有明显的低流动性，因此，其与交易机制这两者之间往往也存在密切的关联。新三板市场目前采取做市交易制度和协议转让制度并行的交易方

式。其中，做市商制度并不完善，存在做市商违规操作风险、只顾自身利益的道德风险。通过制定科学的交易机制，可以有效地规避信息不对称的问题，促进公司资本运作，通过控制交易成本，激励做市商的进入，为市场注入更多的活力，使新三板市场各层次都具有更强的流动性。所以，需要从交易制度入手，针对该项制度的顶层展开具体的分析并对其进行不断地完善优化，改革协议转让这种流通性差且股价波动大的交易方式，全力推动做市转让，从而制定出更加符合现实规定的交易方式。从做市商制度的角度上来看，一方面，需要严格督促做市商，防范其违规操作行为，使其发挥出实际作用；另一方面，需要控制交易成本，建立适时的竞价交易制度与模式，形成良好的激励机制，从而促进做市商的实力，带动该领域的发展（赵崇博等，2020）[172]。此外，还应当通过应用各种数字科学技术对系统软件进行设计，不断地完善交易模式，使交易速度得到切实的提升，节约更多的交易成本，保证充分的信息披露，避免出现信息不对称的问题。

（3）加强监督管理，提高违法成本

新三板现行监管制度重点是券商督导下的自律监督，但是券商存在违规操作风险，公司治理结构不完善、管理经验不足，导致风险较大。同时，监管体系存在漏洞，执法部门监督不到位。因此，一方面，政府部门应当进一步拓展新三板的融资功能，将公募基金等长期资本引入到市场中，同时鼓励合格的境外投资机构等参与到市场活动中，在制度上提高投资者准入条件，吸引更多高水平投资者的参与；建立健全多层次资本市场监管体系，健全信息披露制度，提高投资者的积极性，同时有效防范金融风险。另一方面，坚持培育以机构投资者为主的市场机制，防范外部投资者"用脚投票"带来的不稳定性。同时应通过高效的监管机制，实现由宽到严的监管标准，坚持创新发展和风险控制相匹配，严厉打击违法违规行为，开展挂牌公司资金占用、做市商操作规范、投资者适当性参与管理的执行状况检查，为下一步政策的制定与实施扫除障碍。

7.4 小结

本章从新三板市场的错位发展、新三板市场生态建设的战略定位和新三板市场的金融风险防范三个角度出发，为新三板市场分层发展提出建议。首先，新三板与证券交易所通过面向不同服务对象、不同投资群体进行错位发展，共同促进我国资本市场的进一步完善。新三板的成立不是为了与证券交易所竞争，新三板精选层、创新层、基础层的多层次市场结构一方面可以为沪深市场提供质量较高的上市公司，发挥多层次资本市场承上启下的作用；另一方面可以发挥对中小企业和民营企业的培育作用，补齐资本市场短板。

其次，新三板市场应当明确自身在多层次资本市场中的战略地位，更好发挥其在资本生态环境中的重要作用。新三板应当建立更为高效的发行制度和退市机制，同时，重视转板机制及分层机制，从而使市场可以结合企业的实际需求及发展目标，对交易机制进行适当的调整。政府部门应当积极制定相关政策，从国家战略的高度出发，不断调整新三板在资本市场中所处位置，在分层的基础上继续将其打造成为一个既包含场内市场又包含场外市场的混合型证券市场。

最后，有效化解金融风险成为新三板平稳持续发展的关键因素。一是要完善市场信息披露制度，督促挂牌公司保持自律。二是落实竞价交易制度，增加市场流动性。三是要加强监督管理，提高违法成本。

第8章 结论与展望

8.1 结论

本书通过文献梳理与比较，研究探讨了资本市场分层的理论基础与逻辑结构，并主要针对新三板市场进行具体阐释，因为该市场是我国现有唯一进行分层的资本市场。具体做法是，通过实证分析，对我国新三板市场分层标准中的问题及新三板市场与我国其他板块之间的互动关系进行了研究。本书主要得到了以下结论：

第一，我国新三板市场两层分层合理，但分层标准有待改善。新三板分两层是相对合理的，原因在于通过股票量化评级方法发现新三板的流动性指标和未来成长指标差距相对较低，而财务健康情况差距较大，这是新三板市场目前挂牌的企业较多，而且企业差异化比较严重造成的。我国的新三板投资者又是以个人投资者作为主力，如果分更多层的话（假如分三层），个人投资者在交易中的信息含量不足，最后必然造成最底层企业不受个人投资者重视，从而达不到这些底层企业的融资需求，进而造成更差的企业财务健康情况，导致最低层次的企业退市。另外，不在新三板市场增加新的交易方式或新的政策，分更多的层次也毫无意义。因此，本书认为分两层是合理的，而根据模型从众多差异化企业中挑选优秀的企业进行实证分析，对创新层的分层标准设计得到如下结论：首先，对于做市商个数，新三板要求采取做市转让方式的，做市商家数不少于6家。但是根据研究发现，做市商家数不少于6家的要求偏高；其次，市值、股东权益、净利润三个指标从实证研究角度来看,现有进入创新层的标准"最近两年净利润不低于 1000 万元""股东权益不少于 5000 万元""净利润 1000 万元"也设置偏高,而"最近两年营业收入平均不低于 6000 万元",从实证研究角度来看,设置偏低;最后,在投资者方面,从统计数据看,户均持股比例不太适合作为分层标准,而前十大股东持股比例不应少于 75%。

第二,新三板创新层和基础层与其他板块之间存在不同的互动关系。通过第 6 章的分析,发现了创新层和基础层与其他板块之间存在不同的关系。对于第 I 时段,创新层与其他板块主要是中性和掠夺关系,这不能维持创新层的长远发展。对于第 II 时段,创新层与其他板块之间主要是存在促进和共生关系。我们的目标是希望不同板块之间能实现共生和相互促进,说明第 II 阶段的分层对创新层来说具有一定的优势。因此,应当保留和维持相应的良好制度和准则,调整其他不完善的部分。对于基础层,尤其是在第三次分层之后,其进入创新层的门槛变高,需要对基础层实施一定的策略以刺激基础层的企业,利用基础层与其他板块之间的掠夺关系,可以一定程度上发展基础层,提升基础层企业进入创新层的入选率。

第三,需要合理的政策来防范新三板市场金融风险。本书实证分析了新三板市场的风险特征,以及基础层和创新层之间的金融风险传染过程,并设计了合理的金融风险防范政策,从投资方、融资方及监管方等多个角度对新三板市场的金融风险进行控制,其主要包括,适时推出转板退出机制,促进企业持续发展;丰富机构投资者的类型,提高市场交易者的数量;健全信息披露制度,减少投融资方的信息不对称;提升科学管理水平,建立健全监控机制,引导企业健康发展;完善做市商制度,推动交易制度改革;拓展新三板市场,探索创新分层等。

8.2 展望

由于国内外关于资本市场分层相关理论和实践的客观条件限制，本书虽然较为全面地研究了中国新三板资本市场分层的主要领域，但还有部分领域本书未涉及但值得深入研究。关于资本市场分层发展的研究有以下几点值得进一步思考：

其一，发达国家成熟资本市场的分层实践经验丰富，但并未形成相关理论。目前针对我国新三板市场和资本市场的理论分析体系主要参考和借鉴国际经验，由于成熟市场经济国家资本市场多层次发展的丰富经验，并没有推出一套对应的多层次资本市场理论，在对国外资本市场分层相关理论和研究方法的借鉴相对较少，理论支撑相对较少。其二，此前我国缺乏多层资本市场建设的实践经验。新三板市场作为一个较为特殊的多层次资本市场，是我国探索资本市场分层途径的产物。考虑到新三板市场目前仍然不够成熟，与新三板相关的理论概念如今也并未得到进一步的明确，数据不够完善，给本研究带来一定局限性。其三，从新三板市场内部情况来看，目前挂牌的企业较多，同时企业差异化比较严重，这就对我们量化评级带来相应难度，难以精确度量评价结果的准确性。其四，由于新三板市场在最近半年发展变化巨大，从2020年7月27日，设立了精选层；再到2021年2月26日，上海证券交易所发布实施《全国中小企业股份转让系统挂牌公司向上海证券交易所科创板转板上市办法（试行）》，彻底打通了

第8章 结论与展望

新三板的转板之路。这就导致本书的很多研究内容跟不上新三板的快速发展，与现实存在一定的差距。

随着政府及监管机构对我国资本市场分层的重视，未来将会进行更多的资本市场分层的相关尝试与进一步实践。一方面，根据新三板 2020 年和 2021 年年初所发布的新政策，包括精选层的设立与新三板到科创板的转板，可以对新三板市场进行进一步的研究，利用实证方法分析新三板市场发展的情况，为我国多层次资本市场的分层标准的制定提供一定的参考，也能为我国金融风险防范措施和相关政策的制定提供相应的理论依据。另一方面，随着多层次资本市场实践的扩大，未来可选取更多类型的市场对更多上市公司样本进行分析。

参考文献

[1] 刘克崮，王瑛，李敏波. 深化改革建设投融资并重的资本市场 [J]. 管理世界，2013(8)：1-5.

[2] 戴文华. 关注多层次资本市场的结构问题 [J]. 证券市场导报，2013(3)：1.

[3] 吴勇，权威. 新三板市场困境摆脱及其交易机制改善 [J]. 改革，2017(3)：150-159.

[4] 王东旋，张峥，殷先军. 股市流动性与宏观经济——有关中国股市的新证据 [J]. 经济科学，2014(3)：61-71.

[5] 沈忱. 中小企业在新三板市场融资效率研究——基于三阶段DEA模型定向增发研究 [J]. 审计与经济研究，2017，32(03)：78-86.

[6] 冯燕妮，沈沛龙. 我国多层次资本市场体系研究 [J]. 经济问题，2020(10)：46-52.

[7] 曾慧敏. 美国证券市场分层结构功能与借鉴 [J]. 中央财经大学学报，2013(8)：37-42.

[8] 曲冬梅. 国际板上市标准的定位——以境外交易所上市标准为例 [J]. 法学，2011(6)：108-116.

[9] 于旭，魏双莹. 中国创业板与纳斯达克市场制度比较研究 [J]. 学习与探索，2015(1)：109-113.

[10] 牛雪，张玉明. 基于双边市场理论的证券交易中间商竞争策略 [J]. 统计与决策，2013(4)：46-48.

[11] 刘洋，陈政. 美股未盈利企业上市及其运行机制分析 [J]. 证券市场导

报，2015(2)：4-7，13.

[12] 兰邦华.移动互联网企业境内上市问题探讨 [J].证券市场导报，2015(2)：8-14.

[13] 辜胜阻，曹誉波，庄芹芹.推进企业创新亟需重构创业板制度安排 [J].中国软科学，2015(4)：8-17.

[14] 方先明，吴越洋.中小企业在新三板市场融资效率研究 [J].经济管理，2015(10)：42-51.

[15] 刘刚，梁晗，殷建瓴.风险投资声誉、联合投资与企业创新绩效——基于新三板企业的实证分析 [J].中国软科学，2018(12)：110-125.

[16] Dubofsky D. A., Groth J. C..Exchange listing and stock liquidity[J]. Journal of Financial Research, 1984, 7(4):291-302.

[17] Macey J., O'Hara M., Pompilio D..Down and Out in the Stock Market: The Law and Economics of the Delisting Process[J]. The Journal of Law and Economics, 2008, 51(4):683-713.

[18] Davis R. L., Ness B. V.. Ness R. V..Information and Liquidity in the Modern OTC Marketplace[J].SSRN Electronic Journal,2016, (11).

[19] Loughran T.. The impact of firm location on equity issuance[J]. Financial Management, 2008, 37(1): 1-21.

[20] 高雷，殷树喜，杜沔.股市的地缘效应：本地偏好现象初探 [J].生产力研究，2006(6)：68-69.

[21] 张玮.证交所抑或场外市场——央地关系视野下的多层次资本市场建构模式考察与解释 [J].商业研究，2016(6)：81-88.

[22] 蔡庆丰，江逸舟.公司地理位置影响其现金股利政策吗？ [J].财经研究，2013，39(07)：38-48.

[23] 杨兴全，付玉梅.地理位置与公司现金持有——来自中国上市公司的经验证据 [J].东岳论丛，2016，37(08)：69-80.

[24] 姚圣，杨洁，梁昊天.地理位置、环境规制空间异质性与环境信息选择性披露 [J].管理评论，2016，28(06)：192-204.

[25] 王菊仙，王玉涛，鲁桂华.地理距离影响证券分析师预测行为吗？[J].中央财经大学学报，2016(1)：61-72.

[26] 黄张凯，刘津宇，马光荣.地理位置、高铁与信息：来自中国IPO市场的证据[J].世界经济，2016，39(10)：127-149.

[27] 陈伟，顾丽玲.地理位置对上市公司IPO抑价的影响——基于区域金融密度的实证研究[J].南京审计大学学报，2018，15(03)：21-32.

[28] 化定奇.纳斯达克市场内部分层与上市标准演变分析及启示[J].证券市场导报，2015(3)：4-11.

[29] Weston, James. Competition on the NASDAQ and the unpack of recent market reform[J]. Journal of Finance, 2000, 55: 2565-2598.

[30] 柴瑞娟，朱士玉.从美国纳斯达克市场分层评我国新三板分层[J].海南金融，2016(5)：25-32.

[31] 万丽梅.国际场外市场分层经验与启示[J].清华金融评论，2015(6)：44-48.

[32] Christie W. G., Schultz P. H.. Why Do NASDAQ Market Makers Avoid Odd-Eighth quotes[J]. The Journal of Finance, 1994, 49(5): 1813-1840.

[33] Forst C. A., Guragai B., Rapley E. T.. Differences in Responses to Accounting-Based Benchmarks-Evidence From NASDAQ[J]. Advances in Accounting, 2017, 38: 46-62.

[34] Tse Y., Devos E.. Trading costs, Investor Recognition and Market Response: An Analysis of Firms That Move From the Amex (Nasdaq) to Nasdaq (Amex)[J]. Journal of Banking & Finance, 2004, 28(1): 63-83.

[35] Klock M., McCormick D. T.. The Impact of Market Maker Competition on NASDAQ Spreads[J]. Financial Review, 1999, 34(4): 55-73.

[36] Klein A., Mohanram P. S.. Why Did So Many Poor-Performing Firms Come to Market in the Late 1990s: Nasdaq Listing Standards and the Bubble[J]. NASDAQ Listing Standards and the Bubble, 2005.

[37] Skjeltorp J. A., Sojli E., Tham W. W.. Flashes of Trading Intent at Nasdaq

[J]. Journal of Financial and Quantitative Analysis, 2016, 51(1): 165-196.

[38] 张立. 台湾地区多层次股票市场资源配置效率比较研究 [J]. 台湾研究集刊，2013(1)：47-54.

[39] 张承惠. 台湾地区场外市场的特点与启示 [J]. 中国金融，2013(7)：44-46.

[40] 于建科. 新三板分层制度是演变出来而不是设计出来的 [N]. 中国证券网，2015-9-16.

[41] 胡雅丽. 建立以产业链为基础的新三板研究体系 [N]. 中国基金报，2016-6-14.

[42] 张学军，于地. 新三板分层落实后流动性状况前瞻 [J]. 财会通讯，2017(23)：57-59.

[43] 刘燊. 多层次资本市场上市公司转板机制研究 [J]. 证券法苑，2011，5(2)：589-612.

[44] 刘惠好，杜小伟. 创业板上市公司需要升级转板吗？——基于市场关注度及流动性差异的比较 [J]. 中南财经政法大学学报，2016(3)：47-51.

[45] 刘文娟. 后金融危机时期金融理论的新发展与金融制度的再构建 [J]. 上海金融，2010(9)：93-95.

[46] 梁鹏，陈甬军. 日本JASDAQ市场研究及启示 [J]. 管理现代化，2011(3)：62-64.

[47] 胡海峰，罗惠良. 多层次资本市场建设的国际经验及启示 [J]. 中国社会科学院研究生院学报，2010(1)：72-77.

[48] 杨辉旭. 多层次资本市场中新三板市场的法律制度供给与选择 [J]. 云南社会科学，2017(3)：150-157，188.

[49] 柴瑞娟，殷彤. 从日本JASDAQ市场分层评我国新三板分层 [J]. 福建江夏学院学报，2016，6(3)：56-64.

[50] 谈叙，欧阳红兵. 我国新三板分层管理制度研究 [J]. 改革与战略，2017，33(3)：34-37.

[51] 杜丽.市场分层视角下新三板公司融资效率分析[J].财会通讯，2020(12)：147-151.

[52] 徐凯.资本市场分层的理论逻辑与效应检验：基于中国新三板市场的分析[J].金融经济学研究，2018，33(02)：84-94.

[53] Bagehot W.. The Only Game in the Town[J].Financial Analysts Journal, 1971, 27(2):12-14.

[54] 高苗苗.新三板与市场分层制度[J].中国金融，2016(23)：25-26.

[55] 牟昱洁.我国新三板市场流动性问题研究[J].中国市场，2017(32)：52-54.

[56] 鄢伟波，王小华，温军.分层制度提升新三板流动性了吗？——来自多维断点回归的经验证据[J].金融研究，2019(5)：170-189.

[57] 汪洁琼.新三板市场流动性研究[D].中南财经政法大学博士学位论文，2019，22-26.

[58] 陈洪天，沈维涛.风险投资是新三板市场"积极的投资者"吗[J].财贸经济，2018，39(06)：73-87.

[59] 孟为，陆海天.风险投资与新三板挂牌企业股票流动性——基于高科技企业专利信号作用的考察[J].经济管理，2018，40(03)：178-195.

[60] 陈建青.多层次资本市场与国家金融安全研究[J].学习与探索，2013(10)：91-95.

[61] 管清友.新三板分层：不完全信息动态博弈的"诗和远方"[J].清华金融评论，2016(7)：79-82.

[62] 苏展，荣兴，戴恒，何齐嘉.创新绩效能否助力企业登上创新层——对新三板创新层和基础层企业的实证分析[J].时代金融，2018(11)：156-158.

[63] 王俊鞞，田婕.中国新三板市场与国外资本市场之比较[J].财会月刊，2019(19)：156-161.

[64] 张毅强.我国科创板及注册制试点改革的风险分析与成效预测[J].产业与科技论坛，2020，19(23)：55-56.

[65] 韩非，肖辉. 中美股市间的联动性分析 [J]. 金融研究，2005(11)：117-129.

[66] 张兵，范致镇，李心丹. 中美股票市场的联动性研究 [J]. 经济研究，2010，45(11)：141-151.

[67] 赵进文，苏明政，邢天才. 未预期收益率、传染性与金融危机——来自上海市场与世界市场的证据 [J]. 经济研究，2013，48(04)：55-68.

[68] EunC. S., Shim S.. International Transmission of Stock Market Movements[J]. Journal of Financial and Quantitative Analysis, 1989, 24(2): 241-256.

[69] Forbes K. J., Rigobon R.. No Contagion, Only Interdependence: Measuring Stock Market Comovements[J]. The Journal of Finance, 2002, 57(5): 2223-2261.

[70] Yang J.. International Bond Market Linkages: A Structural VAR Analysis [J]. Journal of International Financial Markets, Institutions and Money, 2005, 15(1): 39-54.

[71] Gilchrist S., Yankov V., Zakrajsek E.. Credit market shocks and economic fluctuations:Evidence from corporate bond and stock markets[J]. Journal of Monetary Economics, 2009, 56(4):471-493.

[72] Apergis N., Miller S. M.. Do structural oil-market shocks affect stock prices? [J].Energy Economics, 2009, 31(4):569-575.

[73] Filis G.. Macro economy, stock market and oil prices: Do meaningful relationships exist among their cyclical fluctuations?[J]. Energy Economics, 2010, 32(4):877-886.

[74] Kang W., Ratti R. A.. Oil shocks, policy uncertainty and stock market return [J]. Journal of International Financial Markets Institutions & Money, 2013, 26:305-318.

[75] 丁剑平，赵亚英，杨振建. 亚洲股市与汇市联动：MGARCH 模型对多元波动的测试 [J]. 世界经济，2009(5)：83-95.

[76] 金洪飞，金荦. 国际石油价格对中国股票市场的影响——基于行业数据的经验分析 [J]. 金融研究，2010(2)：173-187.

[77] 史永东，丁伟，袁绍锋. 市场互联、风险溢出与金融稳定——基于股票市场与债券市场溢出效应分析的视角 [J]. 金融研究，2013(3)：170-180.

[78] 袁超，张兵，汪慧建. 债券市场与股票市场的动态相关性研究 [J]. 金融研究，2008(1)：63-75.

[79] 王茵田，文志瑛. 股票市场和债券市场的流动性溢出效应研究 [J]. 金融研究，2010(3)：155-166.

[80] Cheung W., Liu K.. A Comparison of China's Main Board and Growth Enterprise Market Board—Market Microstructure Approach[J]. Review of Pacific Basin Financial Markets and Policies, 2014, 17(02): 1-29.

[81] 谷耀，陆丽娜. 沪、深、港股市信息溢出效应与动态相关性——基于 DCC-(BV)EGARCH-VAR 的检验 [J]. 数量经济技术经济研究，2006(8)：142-151.

[82] 张金林，贺根庆. 中国创业板和主板市场时变联动与波动溢出——基于 DCC-MGARCH-VAR 模型的实证分析 [J]. 中南财经政法大学学报，2012(2)：100-106.

[83] 李腊生，关敏芳，沈萍. 中国多层资本市场体系风险配置效率研究 [J]. 广东金融学院学报，2010，25(5)：26-39.

[84] 祝鸿玲. 我国债市与商品波动溢出效应的统计检验 [J]. 统计与决策，2020，36(09)：147-149.

[85] 李冰. 我国新三板证券交易市场中做市商制度的构建研究 [J]. 经济视角（上），2013(7)：34-35.

[86] 张琳. 新三板企业流动性浅析 [J]. 商，2015(46)：191.

[87] Barberis N., Shleifer A.. Style Investing[J]. Journal of Financial Economics, 2003, 68(2): 161-199.

[88] Greetham T., Hartnett H.. The Investment Clock Special Report# 1: Making Money from Macro[J]. Merrill Lynch, 2004.

[89] Jacobsen B., Stangl J. S., Visaltanachoti N.. Sector Rotation Across the Business Cycle[J]. Available at SSRN 1467457, 2009.

[90] Sahlman W. A.. The structure and governance of venture-capital organizations [J]. Journal of Financial Economics, 1990, 27(2):473-521.

[91] Desai M. A., Foley C. F., Hines J. R.. A Multinational Perspective on Capital Structure Choice and Internal Capital Markets[J]. The Journal of Finance, 2004 (6): 2451-2453.

[92] Peretto P. F., Valente S.. Resource Wealth, Innovation and Growth in the Global Economy[J]. Journal of Monetary Economics, 2011, 58(4):387-399.

[93] Kim S., Lee B. B.. The value relevance of capital expenditures and the business cycle[J]. Studies in Economics and Finance, 2018, 35(3):386-406.

[94] Koutmos G., Booth G. G.. Asymmetric Volatility Transmission in International Stock Markets[J]. Journal of International Money and Finance, 1995, 14(6): 747-762.

[95] Simsek A.. Speculation and risk sharing with new financial assets[J]. The Quarterly Journal of Economics, 2013, 128(3): 1365-1396.

[96] Adrian T.. Shin H. S., Liquidity and leverage[J]. Journal of Financial Intermediaries, 2010,19 (3): 418-437.

[97] Skintzi V. D.. Refenes A. N.. Volatility Spillovers and Dynamic Correlation in European Bond Markets[J]. Journal of International Financial Markets, Institutions and Money, 2006, 16(1): 23-40.

[98] Hong Y.. A Test for Volatility Spillover with Application to Exchange Rates[J]. Journal of Econometrics, 2001, 103(1-2): 183-224.

[99] Forbes K., Rigobon R.. Measuring Contagion:Conceptual and Empirical Issues[M]. Boston: Springer, 2001, 43-66.

[100] Bekaert G., Harvey C. R.. Market Integration and Contagion[J]. Journal of Business, 2005, 78(1): 39-69.

[101] Chong T. L., Wong Y. C., Yan I. M.. International Linkages of the Japanese Stock Market[J]. Japan and the World Economy, 2008, 20(4): 601-621.

[102] Diebold F. X., Yilmaz K.. Measuring Financial Asset Return and Volatility

Spillovers, With Application to Global Equity Markets[J]. The Economic Journal, 2009, 119(534): 158-171.

[103] Seppo K.,Hanna K.. Tax treatment of dividends and capital gains and the dividend decision under dual income tax[J]. International Tax and Public Finance,2007,14(4): 427-456.

[104] Kim H.. Further Investigations on the Financial Attributes of the Firms listed in the KOSDAQ Stock Market[J]. Academic Congress of Korea Institute of Finance, 2013, 9(2):27-37.

[105] 陈守东,陈雷,刘艳武.中国沪深股市收益率及波动性相关分析[J].金融研究,2003(7):80-85.

[106] 郭乃幸,杨朝军,吴海燕,刘景方.中国股市主板与创业板市场溢出效应研究[J].上海管理科学,2013,35(01):76-80.

[107] 姜凤利,王雪标.基于 VAR 模型中小板和创业板关系的实证研究[J].哈尔滨商业大学学报(社会科学版),2013(6):59-64.

[108] 廖士光,朱伟骅,徐辉.创业板市场与主板市场关系研究——来自沪深证券市场的经验证据[J].财经研究,2014,40(06):27-37.

[109] 李红权,洪永淼,汪寿阳.我国 A 股市场与美股、港股的互动关系研究:基于信息溢出视角[J].经济研究,2011,46(08):15-25,37.

[110] 吴天雷.经济周期下中国资本市场行业板块轮动研究[D].上海交通大学,2012.

[111] 孟德峰.经济周期、行业轮动与 A 股市场投资策略[D].中南财经政法大学博士学位论文,2019,99-121.

[112] 袁泽波.中国 A 股市场板块收益率决定及其轮动效应分析[D].西南财经大学博士学位论文,2013,70-101.

[113] 黄伟麟,钟夏雨,冼健.高新技术制造企业生命周期划分的实证研究——基于资本市场四大板块的经验数据[J].经济问题,2014(2):85-90.

[114] 方意.货币政策与房地产价格冲击下的银行风险承担分析[J].世界经

济，2015，38(07)：73-98.

[115] 李建勇，彭维瀚，刘天晖. 我国多层次场内股票市场板块互动关系研究——基于种间关系的视角 [J]. 金融研究，2016(5)：82-96.

[116] 李航，何枫. 中国多层次场内股票市场板块互动关系研究——基于波动溢出的视角 [J]. 广义虚拟经济研究，2018，9(02)：88-96.

[117] 周小川. 资本市场的多层次特性 [J]. 金融市场研究，2013(8)：4-23.

[118] 辜胜阻，庄芹芹，曹誉波. 构建服务实体经济多层次资本市场的路径选择 [J]. 管理世界，2016(4)：1-9.

[119] 王国刚. 创业投资：建立多层次资本市场体系 [J]. 改革，1998(6)：48-57.

[120] 孙小凡. 改革呼唤一个统一、多层次的资本市场格局 [J]. 国有资产研究，1996(6)：21-23.

[121] 白钦先. 百年金融的历史性变迁 [J]. 国际金融研究，2003(2)：59-63.

[122] 蔡双立，张元萍. 基于资本市场多层次框架下 OTC 市场的构建：美国的经验及其对中国的借鉴 [J]. 中央财经大学学报，2008(4)：35-41.

[123] 吴晓求. 当前中国资本市场面临的三大问题 [J]. 经济理论与经济管理，2004(9)：5-10.

[124] 刘鸿儒. 建立健全为中小企业服务的金融市场体系 [J]. 科技创业月刊，2004(1)：14-16.

[125] 曹和平，孟令余. 中国多层次资本市场创生路径和演化特点浅析 [J]. 经济问题探索，2013(4)：1-6.

[126] 侯智杰，蒋宇翔，许恒，覃雁月. 新三板股票差异化分析与价格有效性研究——兼论中小微企业直接融资政策 [J]. 数量经济技术经济研究，2019，36(12)：105-122.

[127] Greiner L. E.. Evolution and revolution as organizations grow[M]. London: Palgrave, 1989, 373-387.

[128] 孙建强，许秀梅，高洁. 企业生命周期的界定及其阶段分析 [J]. 商业研究，2003(18)：12-14.

[129] 彭京华.构建我国高新技术产业多层次融资创新体系 [J].经济与管理研究,2001(2):40-42.

[130] 邢天才.我国多层次资本市场体系的构建与发展思路 [J].财经问题研究,2003(3):26-30.

[131] 黄伟麟,钟夏雨,冼健.高新技术制造企业生命周期划分的实证研究——基于资本市场四大板块的经验数据 [J].经济问题,2014(2):85-90.

[132] Rieckhof R.. UmweltWirtschaftsForum[J]. The life cycle metaphor: its emergence, understanding, and conceptualisation in business research,2017(25): 91-107.

[133] 尹苗苗,彭秀青,彭学兵.中国情境下新企业投机导向对资源整合的影响研究 [J].南开管理评论,2014,17(06):149-157.

[134] 李宏贵,曹迎迎,陈忠卫.新创企业的生命周期、创新方式与关系网络 [J].外国经济与管理,2017,39(08):16-27.

[135] 黄宏斌,翟淑萍,陈静楠.企业生命周期、融资方式与融资约束——基于投资者情绪调节效应的研究 [J].金融研究,2016(7):96-112.

[136] 张俊瑞,张健光,王丽娜.企业生命周期与现金持有关系的实证研究 [J].管理评论,2009,21(11):101-112,120.

[137] 纪玲珑,陈增寿.科技型中小企业技术创新的资金支持与政策需求——基于生命周期视角 [J].财会通讯,2015(35):12-14.

[138] Sanger G., Peterson J.. An Empirical Analysis of Common Stock Delistings [J]. Journal of Financial and Quantitative Analysis, 1990 (25): 261-272.

[139] Kadlec G. B., Mcconnell J. J.. The Effect of Market Segmentation and Illiquidity on Asset Prices: Evidence from Exchange Listings[J].The Journal of Finance, 1994, 49(2):611-636.

[140] 向静林,邱泽奇,张翔.风险分担规则何以不确定——地方金融治理的社会学分析 [J].社会学研究,2019,34(03):48-74,243.

[141] 张宏丽.金融系统风险分担与管理比较 [J].会计之友(B),2005(3):

84-85.

[142] 李佳. 资产证券化创新视角下的金融结构变迁研究 [J]. 金融经济学研究，2015，30(05)：72-82.

[143] Altay E.. Çalgıcı S., Liquidity adjusted capital asset pricing model in an-emerging market: Liquidity risk in Borsa Istanbul[J]. Borsa Istanbul Review, 2019, 19(4): 297-309.

[144] Tabeta N., Rahman S.. Risk Sharing Mechanism in Japan's Auto Industry: The keiretsu Versus Independent Parts Suppliers[J]. Asia Pacific Journal of Management, 1999 (16): 311-330.

[145] Rüdisser M.,Flepp R.,Franck E.. Do casinos pay their customers to become risk-averse? Revising the house money effect in a field experiment[J]. Experimental Economics,2017,20(3): 736-754.

[146] Chemmanur T. J., Fulghieri P.. Competition and cooperation among exchanges: A theory of cross-listing and endogenous listing standards[J]. Journal of Financial Economics, 2006(82): 455-489.

[147] Broom K. D.. The NASDAQ Restructuring: Do Names Even Matter?[J]. International Journal of Financial Research,2013,4(4):1-18.

[148] 曾珠. 多层次资本市场构建及其改革思考 [J]. 当代经济管理，2018，40(03)：71-74.

[149] Datar V. T., Naik N. Y., Radcliffe R.. Liquidity and stock returns: An alternative test[J]. Journal of Financial Markets, 1998, 1(2): 203-219.

[150] Zou X., Scholer A., Higgins T.. Risk preference: How decision maker's goal, current value state, and choice set work together[J]. Psychological review,2019, 127(1): 74-94.

[151] Blau B. M., Van Ness B. F., Van Ness R. A.. Information in short selling: Comparing Nasdaq and the NYSE[J]. Review of Financial Economics, 2011, 20(1): 1-10.

[152] Atje R., Jovanovic B.. Stock Markets and Development[J]. European Economic

Review, 1993, 37(2-3): 632-640.

[153] Cowan A. R., Carter R. B., Dark F. H., et al. Explaining the NYSE Listing Choices of NASDAQ Firms[J]. Financial Management, 1992, 21(4): 73-86.

[154] 中山证券课题组，李湛，唐晋荣，等．股票市场投资者结构国际比较研究 [J]．证券市场导报，2020(4)：13-24.

[155] Liu，S.. Investor Sentiment and Stock Market Liquidity[J]. Journal of Behavioral Finance, 2015, 16(1): 51-67.

[156] 石广平，刘晓星，魏岳嵩．投资者情绪、市场流动性与股市泡沫——基于 TVP-SV-SVAR 模型的分析 [J]．金融经济学研究，2016，31(03)：107-117.

[157] 刘晓星，张旭，顾笑贤，姚登宝．投资者行为如何影响股票市场流动性？——基于投资者情绪、信息认知和卖空约束的分析 [J]．管理科学学报，2016，19(10)：87-100.

[158] R. Maurer, O. Mitchell, R. Rogalla. Managing contribution and capital market risk in a funded public defined benefit plan: Impact of CVaR cost-constraints[J]. Insurance Mathematics and Economics, 2009, 45(1): 25-34.

[159] 史永东，王谨乐，胡丹．中国股票市场个人投资者和机构投资者的过度自信差异研究 [J]．投资研究，2015，34(01)：82-96.

[160] 高昊宇，杨晓光，叶彦艺．机构投资者对暴涨暴跌的抑制作用：基于中国市场的实证 [J]．金融研究，2017(2)：163-178.

[161] 吴悠悠．散户、机构投资者宏微观情绪：互动关系与市场收益 [J]．会计研究，2017(11)：86-92，97.

[162] 孔东民，邵园园．盈余质量、机构投资者和资产流动性 [J]．国际金融研究，2011(10)：88-96.

[163] 马超．最终控制人性质、外资持股与股利分配行为——来自中国上市公司的经验证据 [J]．证券市场导报，2015(6)：44-52，56.

[164] 谢雪燕，朱晓阳，王连峰，彭一．新三板分层制度对创新层企业影响

的实证研究 [J]. 中央财经大学学报，2019(3)：35-50.

[165] 徐国祥，李波. 中国金融压力指数的构建及动态传导效应研究 [J]. 统计研究，2017，34(04)：59-71.

[166] 陈健，曾世强，李湛. 中国股票市场行业风险结构的实证分析 [J]. 系统工程，2007(12)：53-57.

[167] Diebold F. X., Yilmaz K.. Better to give than to receive: Predictive directional measurement of volatility spillovers[J]. International Journal of Forecasting, 2012, 28(1): 57-66.

[168] 陈露. 中国资本市场的层次构建与转板制度——基于分离均衡模型的研究 [J]. 上海金融，2008(9)：45-49.

[169] Modis T.. Technological forecasting at the stock market[J]. Technological Forecasting and Social Change, 1999, 62(3): 173-202.

[170] Sprott J. C.. Competition with evolution in ecology and finance[J]. Physics Letters A, 2004, 325(5):329-333.

[171] 侯东德，李俏丽. 多层次资本市场间转板对接机制探析 [J]. 上海金融，2013(12)：149-151.

[172] 赵崇博，刘冲，邹腾辉. 分层制度改革对新三板股票流动性的影响渠道分析 [J]. 中国经济问题，2020(3)：59-72.